Ulrich Parzany

„Ich glaube…“

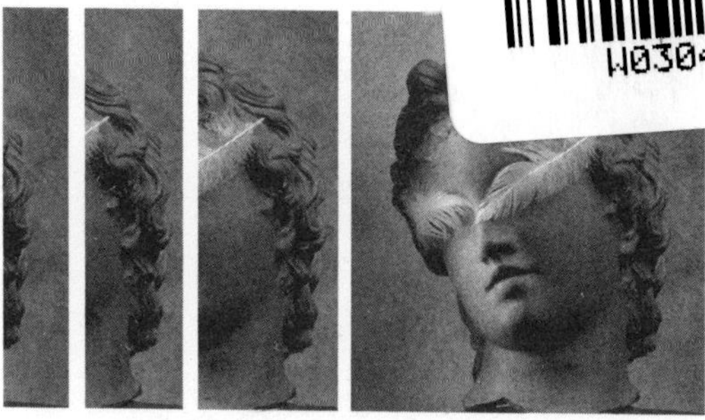

Wozu Christen sich bekennen

BRUNNEN
VERLAG GIESSEN · BASEL

2. Auflage 2003

www.brunnen-verlag.de
Lektorat: Ralf Tibusek
Umschlaggestaltung: Ralf Simon
Umschlagfoto: Paul Biddle Virgin
Innengestaltung: Eva Joneleit
Satz: DTP Brunnen
Herstellung: Ebner und Spiegel, Ulm
ISBN 3-7655-3743-8

Ohne Glauben funktioniert das Leben nicht

Ich setze mich ins Auto. Fünf Kilometer bis zur Autobahn. Kein Stau. Alles frei. Ich kann drauftreten. Ruhig rollt der Wagen mit 160 Stundenkilometer dahin. Was ist eigentlich, wenn sich jetzt ein Rad löst? Ich glaube daran, dass die Werkstatt alle Schrauben fest angezogen hat. Ich glaube überhaupt daran, dass die Verarbeitung des Autos fehlerfrei ist. Für diesen Glauben setze ich täglich mein Leben ein. Hundertprozentig prüfen kann ich das nicht, schon gar nicht vor jeder Fahrt. Aber wenn ich wieder gesund zu Hause angekommen bin, habe ich die Gewissheit, dass mein Glaube richtig war. Jedenfalls soweit.

So glauben wir jeden Tag. Wir trinken Kaffee und essen Speisen, die uns serviert werden. Wir haben sie vorher nicht auf Gift geprüft. Wir betreten Häuser im festen Vertrauen, dass sie nicht gerade jetzt einstürzen. Natürlich besteht hohe Wahrscheinlichkeit, dass unsere Voraussetzungen zutreffen. Aber wir können nicht alles vorher absolut sicher wissen. Wir wagen Vertrauen und erfahren, ob dieses Vertrauen gerechtfertigt ist oder nicht.

So funktioniert das Leben. Es besteht aus lauter kleinen und großen Glaubenswagnissen. Oft gehen wir das Wagnis nur deshalb so schnell ein, weil wir über das Risiko vorher gar nicht nachdenken. Nicht selten sind wir auf sträfliche Weise leichtsinnig.

Andererseits ist es schlimm, wenn ein Mensch kein Vertrauen mehr wagen kann. Manche leiden unter krankhaften Ängsten. Sie trauen sich nicht mehr auf die Straße. Sie steigen in kein Auto. Diese Ängste machen unfähig zum Leben.

Glauben ist also eine Grundbewegung des Lebens. Ohne Glauben funktioniert das Leben nicht. Jeder Mensch glaubt dauernd. Glauben ist lebensnotwendig wie das Atmen und das Essen.

Aber genau wie beim Atmen und Essen kommt es nicht nur darauf an, dass wir atmen und essen, sondern was wir atmen und essen. Wenn wir Giftgas atmen, sterben wir. Wenn wir vergiftete Nahrungsmittel essen, sterben wir.

Genau so kommt es darauf an, was wir glauben und wem wir glauben. Wenn ich dem Falschen vertraue, werde ich enttäuscht oder betrogen. Das kann mich das Leben kosten.

Was ist Glauben? Wie geht „glauben"?

Nehmen wir uns noch mal das Beispiel vom Essen vor. Ich habe zunächst mehr oder weniger zuverlässige Informationen über das Essen. Ich muss entscheiden, ob mir diese Informationen ausreichen, um zu essen. Wenn ich skeptisch bin, werde ich es vorher noch prüfen oder prüfen lassen.

Manche Herrscher hatten Angst, von Feinden vergiftet zu werden. Sie hielten sich deshalb Vorkoster. Die mussten vor den Augen des Herrschers zuerst von der aufgetragenen Speise essen. 100 Prozent sicher sind solche Methoden nicht, wie wir schon aus dem Märchen von Schneewittchen wissen. Da kostete die böse Schwiegermutter auch die nicht vergiftete Apfelseite.

Manche Erkenntnis können andere für mich gewinnen.

Zum Beispiel, ob das Wasser heiß oder kalt ist. Das kann jemand anderes für mich mit seinem Finger oder mit dem Thermometer prüfen. Es gibt aber Erkenntnisse, die kann ich nur selber machen. Kein anderer kann für mich die Gewissheit beschaffen, ob meine Frau mich liebt. Das kann ich nur erkennen, wenn ich selbst mit ihr lebe, rede und ihr vertraue. Das kann niemand für mich tun.

Bei belanglosen Dingen muss ich nicht sorgfältig prüfen. Es hat keine schlimmen Folgen, wenn ich enttäuscht werde. Bei wichtigen Dingen werde ich vorsichtiger sein – hoffentlich! Aber wenn ich volle Gewissheit haben will, muss ich mich irgendwann auf das Wagnis der Erfahrung einlassen.

Immer wieder höre ich den Satz: „Der Glaube fängt an, wo das Wissen aufhört." Das ist Unsinn. Im Leben geht es genau umgekehrt. Wissen setzt Glauben voraus. Wenn ich Informationen nicht kritisch prüfe und schließlich praktisch anwende, komme ich zu keiner gewissen Erkenntnis.

Leider ist man nachher immer klüger. Nach den verheerenden Erdbebenkatastrophen in der Türkei mussten sich zahlreiche Bauunternehmer vor Gericht verantworten. Sie hatten durch miese Bauarbeiten den Tod von Hunderten von Menschen verschuldet. Eigentlich hätte man das gerade in Erdbeben gefährdeten Gebieten früher prüfen müssen und können.

Wann testen wir, ob die Statik unseres Lebens stimmt? Wir könnten es doch darauf ankommen lassen, ob und wann das Lebenshaus einstürzt. Schließlich lehrt mich die Lebenserfahrung, dass die meisten Menschen erst dann über die Grundfragen des Lebens nachdenken, wenn es bedrohliche Risse in den Hauswänden gibt oder Teile des

Lebenshauses eingestürzt sind. Eine schwere Krankheit tritt auf. Die Firmenleitung hat die Kündigung geschickt. Ein geliebter Mensch stirbt an Krebs. Die Ehe zerbricht. Was nun? Man kann nur hoffen, dass noch Zeit genug bleibt, Neues zu bauen.

Dieses Buch ist eine Einladung, rechtzeitig zu prüfen, welchen Lebensgrundlagen wir vertrauen und welchen wir vertrauen können. Jeder Mensch glaubt, fragt sich nur woran, wem und warum.

Im Folgenden stelle ich das christliche Glaubensbekenntnis vor. Diese Zusammenstellung, die als „Apostolisches Glaubensbekenntnis" bezeichnet wird, gibt es in dieser Form seit dem 5. Jahrhundert nach Christi Geburt. Von Anfang an haben die Christen in kurzen Worten zusammengefasst, worauf sie sich verlassen. Sie haben damit ausgedrückt, was sie gemeinsam glauben und was ihr Leben trägt.

Sie konnten das, weil ihr Glaube einen klaren Inhalt und festen Grund hatte. Er war nicht ein nebulöses Gefühl. Und sie formulierten ihr Bekenntnis auch in Abgrenzung zu Verfälschungen der biblischen Botschaft, die sich im Laufe der Zeit einschleichen wollten.

Die Bezeichnung „Apostolisches Bekenntnis" (lateinisch: „Symbolum Apostolorum") erscheint zuerst im Jahr 390 n.Chr. in dem Brief einer Mailänder Synode. Ein „Symbolum" war ein Erkennungswort, ein Losungswort, das zum Eintritt in einen besonderen Bereich bevollmächtigte. Es wurde deshalb bei der Taufe gesprochen. Es ist das Bekenntnis, das sich auf die Worte der Apostel von Jesus stützt, die wir im Neuen Testament finden. Die knappen Worte des Glaubensbekenntnisses müssen also von der Bibel her gefüllt und erklärt werden. Das will ich gern versuchen.

Das Apostolische Glaubensbekenntnis

Ich glaube an Gott,
den Vater, den Allmächtigen,
den Schöpfer des Himmels und der Erde.

Und an Jesus Christus,
seinen eingeborenen Sohn,
unsern Herrn,
empfangen durch den Heiligen Geist,
geboren von der Jungfrau Maria,
gelitten unter Pontius Pilatus,
gekreuzigt, gestorben und begraben,
hinabgestiegen in das Reich des Todes,
am dritten Tage auferstanden
von den Toten,
aufgefahren in den Himmel;
er sitzt zur Rechten Gottes,
des allmächtigen Vaters;
von dort wird er kommen,
zu richten die Lebenden und die Toten.

Ich glaube an den Heiligen Geist,
die heilige christliche Kirche,
Gemeinschaft der Heiligen,
Vergebung der Sünden,
Auferstehung der Toten
und das ewige Leben.

Mit dieser Zusammenfassung haben die Christen Antwort auf die Botschaft der Bibel gegeben. Sie haben sich zugleich Rechenschaft darüber gegeben, was die Fundamente ihres Lebens sind. Sie haben die Botschaft von Jesus Christus gehört, wie sie in der Bibel bezeugt wird. Sie haben darauf vertraut und erfahren, dass Gott lebt und wer Gott ist.

Dieses zusammenfassende Bekenntnis diente den Christen auch zur Orientierung in der Auseinandersetzung mit anderen Weltanschauungen und Religionen. Im Römischen Reich gab es eine unübersehbare Fülle von Religionen, Kulten und Heilslehren. Die Flut der Weltanschauungen und Lebenshilfeangebote war damals ähnlich groß wie heute. Ist alles gleich gültig? Das Apostolische Glaubensbekenntnis ist die Antwort.

Damit ist das Bekenntnis auch ein Angebot an alle, die sich informieren und Grundlagen prüfen möchten. Es ist kein Text zum gedankenlosen Nachplappern. Er lädt ein: „Darauf kannst du dich verlassen." Die Reaktion könnte sein: Will ich mich darauf verlassen? Worauf verlasse ich mich sonst? Wie ist mein Vertrauen begründet? Was hindert mich, dieses Glaubensbekenntnis nachzusprechen und nachzuvollziehen?

Ich werde im Folgenden Satz für Satz des Apostolischen Glaubensbekenntnisses erläutern. Ich gebe mir selbst damit Rechenschaft, woran ich glaube und warum. Zugleich möchte ich allen, die suchen und zweifeln, Gründe für den Glauben an Gott erklären. Ich verstehe diese Schrift als eine Einladung zum Glauben an Gott, der sich in Jesus Christus uns Menschen zugewandt hat.

„Ich glaube an Gott…“

Gott – wer ist das?

Die Deutschen glauben irgendwie an ein Höheres Wesen. Doch wie dieses Höhere Wesen aussieht und sein soll, darüber gibt es ganz unterschiedliche Vorstellungen.

In einer Untersuchung, die im Jahr 2001 für das Projekt ProChrist durch das Rheingold-Institut, Köln, durchgeführt wurde, werden Menschen mit folgenden Aussagen zitiert:

> *„Gott ist ein Begriff für das, was die Welt erschaffen hat.“*

> *„Nach jeder längeren Autofahrt spreche ich ein Dankgebet. Ich weiß zwar nicht zu wem, aber ich finde das wichtig.“*

> *„Ich glaube an Gott oder so etwas, aber ich habe da kein konkretes Bild.“*

Das Wort „Gott“ ist wie ein Behälter. Er kann mit den unterschiedlichsten Vorstellungen gefüllt werden. Viele kommen auch ohne den Begriff „Gott“ aus. Sie reden eben von einem höheren Wesen, einer universalen Kraft oder Idee. Die Füllung der Worte ist so verschieden, wie die Menschen verschieden sind, die sie gebrauchen.

Eins kann man auf jeden Fall sagen: Jeder Mensch sucht irgendwie nach Sicherheit und Anerkennung. Wir brauchen einen gewissen Schutz für unser Leben. Und wir brauchen ein Mindestmaß an Selbstwertgefühl. Woher bekomme ich beides? Können Menschen mir das geben? Geld scheint auf jeden Fall Anerkennung zu verschaffen. Und Sicherheit kann man sich auch kaufen.

Meine These ist: Gott ist, wer oder was mir die Sicherheit und Anerkennung gibt, ohne die ich nicht leben kann. Ob wir das „Gott" nennen oder nicht: Jeder Mensch hat so einen Gott, von dem er Sicherheit und Anerkennung erwartet. Das ist ihm das Wichtigste im Leben, die höchste Instanz. Dafür setzt er Zeit und Kraft ein. Dafür bringt er die größten Opfer.

Kein Zweifel: Geld spielt in den meisten Fällen die große Rolle Gottes. Natürlich nennen wir das Geld nicht Gott. Das klingt viel zu brutal. Jesus hat das allerdings getan. Er hat gesagt, dass das Geld eine lebensbeherrschende Macht ist, die in Konkurrenz zu dem Schöpfer der Welt tritt. Und Jesus hat auch gesagt, dass wir nicht Gott und dem Geld (er nennt die Gottheit Geld „Mammon") zugleich dienen können.

Man kann seine eigene Intelligenz oder Schönheit, die Gesundheit („Hauptsache gesund!"), andere Menschen, den beruflichen Erfolg, aber auch eine Religion oder Philosophie zum Gott haben. Bei Religion und Philosophie sollten wir ehrlich darauf achten, ob sie wirklich die Sicherheit und Anerkennung schaffende Grundlage unseres Lebens ist, oder ob sie nur die Dekoration des Lebenshauses ist, während die Sicherheit und Anerkennung durch den Besitz und das Geld gewährleistet wird.

Die Bibel dokumentiert uns die atemberaubende Geschichte, dass der Schöpfer, Erhalter, Herr und Richter der Welt sich selbst offenbart hat. Er hat sich Abraham und Mose und damit dem ganzen Volk Israel zu erkennen gegeben. Er hat durch Propheten zu Israel geredet. Er hat Israel aus der Sklaverei in Ägypten gerettet und in das versprochene Land geführt. Er hat an Israel und durch Israel in der Geschichte gehandelt. Er hat sich schließlich und endgültig durch Jesus Christus allen Menschen bekannt gemacht.

So wie die Welt und das Leben beschaffen sind, suchen wir Menschen Antworten auf Fragen, die uns quälen. Das sind die Fragen nach Tod und Gerechtigkeit, nach dem Sinn des Lebens und des Leidens, nach dem Schutz und der Kraft für das Leben. Wir formulieren Antworten, so gut wir können. Doch wir können nicht über unseren eigenen Schatten springen. Was wir uns vorstellen, ist darum letztlich immer nur vergrößerter, verbesserter Mensch. Oder manche entscheiden sich, dass man nichts klar erkennen und deshalb keine letztgültigen Aussagen machen kann.

Die Bibel sagt, dass wir aus der Schöpfung genug zum Nachdenken und Fragen stellen erkennen können. Ja, sie sagt sogar, dass wir keine Ausrede haben. Paulus schreibt in seinem Brief an die Christen in Rom: „Was man von Gott erkennen kann, ist unter ihnen (den Menschen) offenbar; denn Gott hat es ihnen offenbart. Denn Gottes unsichtbares Wesen, das ist seine ewige Kraft und Gottheit, wird seit der Schöpfung der Welt ersehen aus seinen Werken, wenn man sie wahrnimmt, sodass sie keine Entschuldigung haben“ (Römer 1,19 und 20).

Vor den Meinungsbildnern in der damaligen Kulturmetropole Athen hat Paulus eine Rede gehalten, in der er es auf den Punkt bringt. Er schildert zunächst mit Respekt die Religiosität der Athener. Sie verehrten eine Vielzahl von Göttern. Weil sie aber letzten Endes zweifelten, wie zutreffend oder vollständig ihre Gottesvorstellungen waren, hatten sie „dem unbekannten Gott" einen Altar errichtet. Paulus erkennt darin einen Ausdruck des Suchens und Fragens nach der Wirklichkeit Gottes, die uns tatsächlich bereits umgibt. Gott existiert ja nicht erst dann, wenn wir ihn erkennen und verehren.

„In ihm leben, existieren und sind wir", sagt Paulus. Er kritisiert, dass die Menschen nicht wenigstens die Überlegenheit Gottes begreifen, sondern meinen, Gott in ihren eigenen handwerklichen oder gedanklichen Produkten verehren zu können. Wenn Gott ist, kann er auf keinen Fall das Produkt von Menschen sein, die er geschaffen hat.

Die Zeit der Unwissenheit hat Gott in seiner Geduld übersehen, fährt Paulus fort. Aber jetzt hat er durch Jesus Christus die Eindeutigkeit geschaffen, dass alle Menschen, wo auch immer sie leben, zu Gott, dem Schöpfer, umkehren. Jesus hat er zum festen Bezugspunkt für das Vertrauen der Menschen gemacht, indem er ihn vom Tod auferweckt hat.

Es gab damals in Athen eine dreifache Reaktion auf die Rede des Paulus.

Die einen spotteten, weil sie die Botschaft von der Auferweckung von Jesus für lächerlich hielten. Für die Griechen in der Nachfolge Platos war ja nur das Geistige göttlich. Sie hatten also ihr Denksystem. Und Jesus passte nicht hinein.

Die anderen gaben sich interessiert, machten höfliche Worte und verschoben die weitere Beschäftigung mit dem Thema auf später, d.h. auf den St. Nimmerleinstag.

Einige entschieden sich, ihr Leben an Jesus Christus, dem geoffenbarten Gott, zu orientieren, ihm zu glauben und zu folgen.

?

Wer oder was gibt mir Sicherheit und Anerkennung? Wie sehe ich die Beziehung zwischen dem menschlichen Grundbedürfnis nach Sicherheit und Anerkennung und dem Glauben an Gott?

Welche Reaktionen auf die Botschaft von Jesus Christus beobachte ich bei Menschen in meiner Umgebung? Warum reagieren sie so? Wie begründe ich meine Reaktion auf das Angebot von Jesus?

„Ich glaube an Gott, den Vater ...“

Der unvergleichliche Vater

Wer ist Gott? Können wir ihn überhaupt kennen? Bleibt uns ein anderer Weg, als von uns Menschen auf Gott zu schließen? Das war bisher die Kernfrage, die wir jetzt zuspitzen.

Darf man Gott als Vater ansehen? Ist das nicht eine allzu menschliche Betrachtungsweise?

Der scharfe Kritiker des christlichen Glaubens, der Begründer der Psychoanalyse Sigmund Freud, hat in seiner Schrift „Zukunft einer Illusion" folgende Sicht vertreten: Die Menschen haben Angst vor dem bedrohlichen Schicksal. Sie versuchen es zu beeinflussen, indem sie ihm ein menschenähnliches Wesen geben. Wie machen sie das? Jeder Mensch erinnert sich an die frühkindliche Erfahrung mit seinem Vater. Der erschien einerseits übergroß und furchterregend, andererseits stark und fürsorglich. Diese doppelte Sicht übertragen die Menschen auf das Schicksal und sehen Gott als den Vater an, den sie fürchten und lieben sollen.

Klar, dass solche Vorstellungen als kindisch abgelegt werden müssen, wenn man geistig erwachsen wird. Soweit Sigmund Freud.

Andere sagen: Kann jemand, der einen brutalen und dauernd betrunkenen Vater erlebt hat, je ein positives Verhältnis zu Gott, dem Vater, entwickeln? Wie beeinflusst die eigene Vatererfahrung den Glauben an Gott?

Ich hörte von einem Jungen aus einer lateinamerikanischen Großstadt, der die Gleichnisgeschichte vom verlorenen Sohn, die Jesus erzählt hat, nicht verstehen konnte. Vor allem sah er nicht, wieso das eine Beziehung zu seinem Leben haben sollte. Er hatte bei sich und bei seinen Freunden nur erlebt, dass die Väter wegliefen und die Mütter mit ihren Kindern in den Slums allein ließen. Der Vater war das Problem, nicht der Sohn.

Aber in der Botschaft von Jesus wird uns klar gemacht, dass wir nicht vom menschlichen Vater auf Gott schließen dürfen. Jesus beschreibt die Fürsorge Gottes damit, dass die Haare auf unserem Kopf alle gezählt sind (Matthäus 10,30). Das ist unvorstellbar. Ja, das ist verrückt. Das kann niemand. Ich selbst nehme meine Haare nicht so wichtig, dass ich sie zu zählen versuche. Doch Gottes Fürsorge ist jedem menschlichen Vergleich entzogen. Gott hat ein viel größeres Interesse an uns als wir an uns selber. Die kleinsten Kleinigkeiten unseres Lebens sind ihm wichtig.

Jesus betet in der Nacht vor seiner Hinrichtung in der Ölplantage Gethsemane zu Gott und redet ihn an: „Abba!" Das muss man wörtlich mit „Papa" übersetzen. So vertrauensvoll war das Verhältnis von Jesus zu Gott.

Das Geheimnis von Jesus war, dass in ihm Gott selbst zu uns Menschen gekommen ist. Wir können von uns aus nicht zu Gott. Wir können ihn mit unserem begrenzten Verstand nicht verstehen. Aber das Wunder ist geschehen: Gott kommt zu uns.

Er gibt sich uns zu erkennen. Er will unser Vater sein. Wir empfinden, dass Gott unendlich weit weg ist, wenn es ihn überhaupt gibt. Deshalb schickt Gott uns nicht nur eine Information, dass es ihn gibt. Er überbrückt die unendliche Kluft. Wie er das getan hat, zeige ich später in diesem Buch.

Das Ergebnis dieser Überbrückungsaktion ist, dass wir zu Gott so vertrauensvoll reden können wie Jesus. Wir dürfen „Papa", „lieber Vater" zu ihm sagen. Wir dürfen ihm ganz vertrauen.

Im Apostolischen Glaubensbekenntnis steht die Aussage, dass Gott unser Vater ist, ganz vorne. Das hat was. Wir sollen sofort begreifen, dass es nicht um ein Gedankengebäude oder einen Haufen von Dogmen geht, die wir für wahr halten oder nicht. Es geht um eine persönliche Vertrauensbeziehung. Die stellt unser ganzes Leben auf eine neue, stabile Grundlage. Mit diesem Grundvertrauen können wir das Leben bewältigen – auch unter schwierigsten Verhältnissen.

Das Vertrauen zu Gott, dem Vater, drückt sich zuerst darin aus, wie wir mit Gott reden. Jesus lehrt uns, wie wir beten sollen: „Unser Vater im Himmel." Er spricht uns diese Worte vor, damit wir sie voll Vertrauen nachsprechen. Er gibt uns das Recht, Gott als Vater anzusprechen. Haben wir wirklich das Recht? Lesen Sie weiter! Sie werden die Gründe für dieses wunderbare Vertrauen finden.

Wir dürfen mit Gott reden. Wir können vorformulierte Gebete sprechen wie das Vaterunser oder die Psalmen. Wir dürfen aber auch vertrauensvoll mit eigenen Worten beten. Wie drücke ich meinen Respekt vor Gott und mein Vertrauen zu Gott aus?

„Ich glaube an Gott, den Vater, den Allmächtigen…“

Ist Gott allmächtig?

Ist Gott so mächtig, dass er einen Stein schaffen kann, den er selber nicht mehr aufheben kann? Wie kann er all das Unrecht und Leid in der Welt zulassen? Wenn er allmächtig ist, könnte er das doch mit einem Fingerschnipsen beseitigen, oder? Ist er zu schwach, das zu verhindern?

Als Jesus durch Kreuzigung hingerichtet wurde, verspotteten ihn die Zuschauer. Wir lesen im Matthäusevangelium (Kapitel 27, Verse 39-43): „Die aber vorübergingen, lästerten ihn und schüttelten ihre Köpfe und sprachen: … hilf dir selber, wenn du Gottes Sohn bist, und steig herab vom Kreuz! … Andern hat er geholfen und kann sich selber nicht helfen. Ist er der König von Israel, so steige er nun vom Kreuz herab. Dann wollen wir an ihn glauben. Er hat Gott vertraut; der erlöse ihn nun, wenn er Gefallen an ihm hat; denn er hat gesagt: Ich bin Gottes Sohn.“

Ist das nicht logisch? Ist Jesus nicht am Kreuz widerlegt worden?

Diese Logik vertritt auch der Islam. Im Koran wird Jesus als ein großer Prophet Gottes dargestellt. Seine Geburt durch die Jungfrau Maria, seine Wunder und auch seine

Himmelfahrt und Wiederkunft am Ende der Geschichte wird vom Koran behauptet. Aber seine Kreuzigung wird abgelehnt. Sie soll nach Aussage des Korans nicht geschehen sein. Wieso das?

In Sura 4, Verse 156 und 157 lesen wir:

„Und weil sie sprachen: ‚Siehe, wir haben den Messias Jesus, den Sohn der Maria, den Gesandten Allahs, ermordet' – doch ermordeten sie ihn nicht und kreuzigten ihn nicht, sondern einen ihm ähnlichen … Sie wissen nichts von ihm, sondern folgen nur Meinungen; und nicht töteten sie ihn in Wirklichkeit, sondern es erhöhte ihn Allah zu sich; und Allah ist mächtig und weise. Und wahrlich vom Volk der Schrift wird jeder an ihn glauben vor seinem Tode; und am Tag der Auferstehung wird er wider sie Zeuge sein."

Wie kann man die Kreuzigung von Jesus bestreiten? Der Koran kommt nicht etwa mit historischen Argumenten. Die stünden auch auf sehr schwachen Füßen. Der Koran argumentiert mit der Allmacht und Weisheit Gottes: „Allah ist mächtig und weise."

Er könnte nie zulassen, dass sein Prophet getötet wird. Das wäre eine glatte Widerlegung der Allmacht Gottes. Also konstruiert man eine andere Lösung. Irgendwie sei Jesus verwechselt worden. Es wurde jemand gekreuzigt, der ihm ähnlich war.

Mohammed hat solche Ansichten wahrscheinlich von christlichen Sekten seiner Zeit übernommen. Es gab nämlich im 6. Jahrhundert christliche Gruppen, die sich nicht vorstellen konnten, dass Jesus wirklich am Kreuz gestorben sei, wenn er Gottes Sohn war. Also konstruierten sie sich die Sache zurecht: Judas oder Simon von Kyrene, der das Kreuz von Jesus eine Strecke tragen musste, sei in Wirklichkeit gekreuzigt worden. Oder sie spekulierten, dass der irdische Jesus von Nazareth am Kreuz starb, der Sohn Gottes in ihm aber sei vorher in den Himmel gefahren.

Uns kommt das alles ziemlich wirr vor. Aber dahinter steckt eine wichtige Frage: Kann Gott sterben? Was heißt dann Allmacht Gottes?

Wir neigen immer dazu, von uns Menschen auf Gott zu schließen. Menschen sind manchmal mächtig. Also muss Gott, wenn es ihn gibt, nach unserer Vorstellung allmächtig sein. Diese Vorstellung ist aber nur ein ins Unendliche vergrößerter Mensch. Man nennt das eine Abstraktion. Das lateinische Wort „abstrahere" heißt „wegziehen". Wir ziehen etwas von der Wirklichkeit so weit weg, dass es zu einer allgemeinen Aussage wird. Die Folge ist, dass dieser allgemeine Gedanke nichts mehr mit der Wirklichkeit zu tun hat. Er wird ein blasser, leerer Gedanke, der mit der harten Wirklichkeit der Welt nicht mehr in Einklang zu bringen ist.

Das Ergebnis ist ein unauflöslicher Widerspruch: Kann Gott einen Stein schaffen, den er selbst nicht mehr aufheben kann? Entweder kann er ihn schaffen, dann ist er nicht allmächtig, weil er ihn nicht aufheben kann. Oder er kann ihn erst gar nicht schaffen, dann ist er auch nicht allmächtig.

Schwerwiegender als die belanglose Gedankenspielerei ist die quälende Frage: Warum lässt Gott das Leid zu, wenn er doch allmächtig ist? Unsere selbst gemachten Vorstellungen von Gott zerbrechen an der Wirklichkeit.

Gibt es einen anderen Weg?

In der Nacht vor seiner Hinrichtung betete Jesus vor den Mauern von Jerusalem in Gethsemane. Es war eine Nacht des inneren Kampfes. Wir lesen in den Evangelien, dass Jesus vor Angst gezittert hat und der Blutschweiß auf seinem Gesicht lag.

Hier wörtlich, was im Markusevangelium zu lesen ist (Kapitel 14, Verse 35 und 36): „Und Jesus ging ein wenig weiter, warf sich auf die Erde und betete, dass, wenn es möglich wäre, die Stunde an ihm vorüberginge, und sprach: Abba, mein Vater, alles ist dir möglich; nimm diesen Kelch von mir; doch nicht, was ich will, sondern was du willst!"

So betet Jesus mit Unterbrechungen dreimal. Dann hat er den Kampf zu Ende gekämpft und sagt: „Siehe, der Menschensohn wird überantwortet in die Hände der Sünder. Steht auf, lasst uns gehen! Siehe, der mich verrät, ist nahe." (Markus 14, Verse 41 und 42)

Jesus selbst beruft sich auf die Allmacht Gottes. Muss Gott nicht andere Möglichkeiten haben, um der Welt zu helfen, als den stellvertretenden Tod des Sohnes Gottes durch Hinrichtung am Kreuz? Gott, der Allmächtige, hat keinen anderen Weg. Er beweist die Allmacht in seiner Liebe. Die Liebe beweist sich im Opfer des Lebens. Gott selbst geht in Jesus an die Stelle der Menschen, die Gottes Gericht verdient haben. Er stirbt stellvertretend für uns Menschen.

So stellen wir uns Gott nicht vor. Aber Gott ist nicht, wie wir ihn uns vorstellen. Gott ist, wie er sich offenbart. In Gethsemane und am Kreuz können wir lernen, was Allmacht Gottes ist. In der Auferweckung bestätigt Gott, dass dieser Weg sein Weg ist.

Ein altes und sehr bekanntes christliches Lied beginnt

so: „Ich bete an die Macht der Liebe, die sich in Jesus offenbart." Das ist es!

Gottes Allmacht schließt das Leiden und Sterben nicht aus, sondern ein. Gott ist nicht ein ferner „Herrgott". Er ist der allmächtige Vater. Seine Liebe am Kreuz ist der stärkste Ausdruck seiner Allmacht. Er erniedrigte sich unter unsere Schuldenlast und trägt unseren Tod. Er schwebt nicht weltfern darüber. Er kommt als der Retter in unsere Welt.

Welches Bild, welche Vorstellung von Gott habe ich? Woher könnte diese Vorstellung stammen? Wer oder was hat mein Gottesbild beeinflusst?

Allmacht Gottes wird in diesem Kapitel als die mit aller Macht mir nahe kommende Liebe Gottes beschrieben. Lasse ich zu, dass Gott mir so persönlich nahe kommt, oder stelle ich ihn mir eher als einen unnahbaren, allmächtigen, fernen Gott vor? Welche Auswirkungen könnten die unterschiedlichen Sichtweisen von Gott auf unser Leben haben?

„… den Schöpfer des Himmels und der Erde“

Brandaktuell!

Ist es eigentlich wichtig, dass wir wissen, wie die Welt entstanden ist? Gut, wir sind eben neugierig. Weiße Flecken auf der Landkarte reizen zur Erforschung. Das ist menschlich. Aber es geht um mehr. Wir möchten wissen, woher wir kommen. Das ist wichtig zur Beantwortung der Frage: Wer bin ich?

Wenn die ganze Welt ein Produkt von Zufall und Willkür ist, dann gibt es auch für mein Leben keinen tiefen Sinn.

Aber ist es wahrscheinlich, dass dieser geniale Kosmos sich einfach so zufällig zusammengerüttelt hat? Dann müsste ich damit rechnen, dass aus einem zufälligen Zusammentreffen bestimmter Atome z. B. ein Staubsauger entsteht, ohne dass jemand ihn geplant und gebaut hat. Die Wahrscheinlichkeit ist jedenfalls milliardenfach größer, als dass das Universum zufällig entstanden ist.

Andererseits: Die Schöpfung kann man nicht logisch denken. Wenn wir an einen Anfang denken, fragen wir immer auch: Was war davor? Das ist aber eine Frage, die schon die Existenz von Zeit voraussetzt. Schöpfung bedeutet aber, dass dadurch Raum und Zeit entstanden sind.

Also ist die Frage „Was war davor?“ nicht angemessen. Wir können uns aber eine Wirklichkeit ohne Zeitablauf nicht anschaulich vorstellen. Also können wir uns eine Schöpfung der Welt aus dem Nichts nicht denken.

Mit den Mitteln der Wissenschaft versuchen wir Menschen, die Geschichte des Universums zu erforschen. Übrigens trauen die Menschen sich erst richtig, die Welt zu erforschen, seitdem sie Sonne, Mond, Sterne und Erde nicht mehr als Gottheiten und Geister fürchten. Das ist nachweislich eine Auswirkung der biblischen Botschaft.

Im ersten Kapitel der Bibel werden Sonne, Mond und Sterne schlicht als Beleuchtungskörper beschrieben, die Gott geschaffen hat. Das war für die Menschen in der Umwelt Israels geradezu Gotteslästerung. Sie verehrten den Sonnengott, die Gestirne und die Erde als Gottheiten.

Der Schöpfer aber offenbart sich zunächst durch Propheten dem Volk Israel. Diese Offenbarung wird in Jesus Christus bestätigt und vollendet. Diese Selbstoffenbarung Gottes gibt uns eine Erkenntnis über die Welt und die Menschen, die keine Wissenschaft uns geben kann. Denn Gott ist immer der souveräne Herr und nie Gegenstand der naturwissenschaftlichen Forschung. Gott ist nicht mit unseren Messgeräten zu erfassen, wohl aber seine Schöpfung, deren Teil wir sind.

Die Entdeckungen der Forschung führen uns zum Staunen und Fragen. Aber die Fragen nach dem letzten Sinn unseres Lebens kann die Wissenschaft nicht beantworten, weil sie Gott nicht in ihre Forschung mit einbeziehen kann.

Die unübertroffenen Aussagen der biblischen Offenbarung über den Schöpfer und die Schöpfung lauten:

1. Gott hat mit seinem Schöpfungswort Masse bzw. Energie geschaffen. Darum müssen wir alle Wirklichkeit immer unter zwei Blickrichtungen sehen: In der Horizontalen des Ursache-Wirkung-Zusammenhangs innerhalb der geschaffenen Welt und zugleich in der Vertikalen des schöpferischen und erhaltenden Handelns Gottes. Die Naturwissenschaft versucht eine Beschreibung der Natur zu entwickeln. Ihre Theorien werden durch neue Beobachtungen und Erkenntnisse immer wieder verändert. Ein umfassendes Weltbild kann die Naturwissenschaft nie liefern, weil sie mit ihren Instrumenten keine Erkenntnisse über Gott gewinnen und deshalb keine Aussagen über ihn machen kann.

2. Schöpfer und Schöpfung sind zwar sehr eng miteinander verbunden, sie bleiben aber grundsätzlich ein Gegenüber. Der Schöpfer bezeugt sich zwar durch sein Schöpfungswerk, aber er geht nicht in der Schöpfung auf. Damit steht die biblische Weltsicht im grundsätzlichen Gegensatz zu allen Weltanschauungen, die Gottheiten, Geister, Menschen und Natur als einen einzigen, alles umfassenden Zusammenhang deuten. Die indischen Religionen und die daraus entstandenen esoterischen Weltanschauungen stehen in einem grundsätzlichen Gegensatz zur biblischen Offenbarung.

3. Der Mensch hat innerhalb der Schöpfung eine einzigartige Stellung. Der Schöpfer hat ihn als das einzige Geschöpf zu seinem Gegenüber erwählt, zu dem er spricht und dem er erlaubt, Gott Antwort zu geben. Diese Ich-Du-Beziehung zwischen Gott und Mensch gibt dem Menschen seine einzigartige Würde, und zwar unabhängig von der Leistung und dem Zustand des menschlichen Lebens.

Von der Empfängnis und über den Tod hinaus ist der Mensch durch das Gegenüber zu Gott, seinem Schöpfer, Erhalter, Retter und Richter bestimmt. Wenn das tatsächlich so ist, dann muss ich doch immer Gott mit im Blick haben, wenn ich einen Menschen ansehe. Ich darf und muss Gott auch im Blick haben, wenn ich mein eigenes Leben betrachte und bedenke. Ob ich will oder nicht – es gibt mich nicht ohne die Beziehung zu Gott. Wenn er mein Schöpfer und Herr ist, dann ist mein Leben meiner selbstherrlichen Verfügungsgewalt letzten Endes entzogen. Ich kann mit mir selbst nicht einfach machen, was ich will. Ich kann auch mit anderen Menschen nicht machen, was ich will.

Das hat radikale Folgen für unseren Umgang mit ungeborenen Menschen, mit unmündigen Kindern, mit körperlich und geistig behinderten Menschen, mit Kranken und Sterbenden.

Ob Stammzellenforschung, Abtreibung oder Euthanasie – die Anerkennung oder die Leugnung des Schöpfers hat weitreichende, sehr einschneidende Konsequenzen für unser persönliches und gesellschaftliches Leben. Das wird uns heute drastisch vor Augen geführt.

4. Die biblische Offenbarung vom Schöpfer sagt uns auch, dass die Erde und das ganze Universum Eigentum Gottes sind. Im Psalm 24, Vers 1 lesen wir: „Die Erde ist des Herrn und was darinnen ist, der Erdkreis und die darauf wohnen.“ Gott offenbart sich als der Schöpfer des Himmels und der Erde. Das ganze Universum gehört ihm.

Von Jesus heißt es im Neuen Testament, dass durch ihn alles geschaffen ist. Johannes schreibt in seiner berühmten Einleitung des Johannesevangeliums, wie unmittelbar Jesus schon immer mit Gott verbunden gewesen ist. Wir können uns das mit unserer menschlichen Begrenztheit nicht vorstellen. Deshalb sagt Johannes, dass Jesus das Wort Gottes ist, dass Gott aussprach, um die Welt zu schaffen. Jesus gehört also ganz und gar zu Gott. Jesus ist Gott, der schöpferisch wirkt. Johannes schreibt darum von diesem Wort: „Alle Dinge sind durch dasselbe gemacht, und ohne dasselbe ist nichts gemacht, was gemacht ist." (Johannesevangelium Kapitel 1, Vers 3)

Im Kolosserbrief (Kapitel 1, Verse 16-17) lesen wir: „Denn in ihm (Jesus) ist alles geschaffen, was im Himmel und auf Erden ist, das Sichtbare und das Unsichtbare, es seien Throne oder Herrschaften oder Mächte oder Gewalten; es ist alles durch ihn und zu ihm geschaffen. Und er ist vor allem, und es besteht alles in ihm."

Damit ist klar, dass wir Menschen nicht selbstherrlich über die Welt verfügen können. Wir sind in allem, was wir tun, dem Eigentümer verantwortlich. Er hat uns sozusagen zu seinen Geschäftsführern in dieser Schöpfung gemacht. Wir sollen bauen und bewahren (1. Mose 2,15), nicht plündern und zerstören. Wenn Menschen sich von Gott lossagen, fangen sie an, sich wie die Eigentümer aufzuführen, die niemandem als sich selbst verantwortlich sind. Die schrecklichen Folgen dieser Vermessenheit sind uns heute vor Augen. Der Mensch ohne Gott ruiniert die Welt und damit sein eigenes Leben durch seine Besserwisserei.

Das Bekenntnis zu Gott, dem Schöpfer der Welt, hat

eine unerhört aktuelle Bedeutung. Für die Menschen, die den Schöpfer bekennen, müssen allerdings die Konsequenzen klar und deutlich gemacht werden. Das liturgische Hersagen eines Glaubensbekenntnisses ist heuchlerisch, wenn wir uns im Alltag unseres Privatlebens und im beruflichen Feld von Forschung, Wissenschaft, Technik, Wirtschaft und Politik aufführen, als wären wir selbst Gott.

„Wir gehen mit unserer Welt um, als hätten wir noch eine zweite im Kofferraum", heißt es in einem Sponsispruch aus den frühen Siebzigern. Wenn Gott der Schöpfer der Erde ist, wie muss ich persönlich mich dann der Schöpfung gegenüber verhalten?

„Ich glaube an Gott ... und an Jesus Christus"

Wie Jesus glauben oder an Jesus glauben?

Kann man an Jesus glauben? Ich kann nur an jemanden glauben, der gegenwärtig lebt. Gibt es Jesus Christus heute und hier? Kann ich ihm wie einer Person vertrauen?

Oder ist der Ausdruck „an Jesus glauben" im weiteren

Sinne so zu verstehen, dass ich die historische Person verehre, sein Werk bewundere und mich nach seiner Lehre richte?

Ich traf Leute, die haben Jesus verehrt, aber sie konnten und wollten nicht an Gott glauben. Für sie war es genug, sich an dem Vorbild von Jesus zu orientieren. Sie wählten bei dem, was die Bibel über Jesus sagt, das aus, was ihnen hilfreich erschien. Den Anspruch von Jesus, dass Gott sich in ihm offenbart, lehnten sie allerdings ab.

Mahatma Gandhi zum Beispiel hat Jesus sehr verehrt. Er hat die Bergpredigt zitiert, weil sie seiner Lehre von der Gewaltlosigkeit entsprach. Aber er fand es unerheblich, ob Jesus tatsächlich gelebt hat oder nicht. Er lehnte auch die Vergebung der Sünden durch Jesus ab.

Andere traf ich, die an einen Gott glaubten, aber nichts mit Jesus anfangen konnten. Sie konnten nicht verstehen, wozu er überhaupt nötig sei. Sie empfanden diese christliche Betonung von Jesus als trennend und ausgrenzend: Verbindet nicht der Glaube an Gott viele Religionen, während der Glaube an Jesus trennt?

Sie waren bereit, *wie* Jesus an Gott zu glauben. Aber sie lehnten ab, *an* Jesus als Gott zu glauben.

Das Glaubensbekenntnis entfaltet, warum Christen nicht nur wie Jesus glauben, sondern an Jesus glauben.

Jesus Christus ist nicht nur ein Name. Der Name Jesus ist mit dem Titel Christus verbunden. In manchen Stellen des Neuen Testamentes heißt es „Christus Jesus". Da steht der Titel vorne, wie das bei uns üblich ist. „Christus" ist die griechische Übersetzung des hebräischen Ausdrucks „Messias", auf Deutsch: „der Gesalbte". So wurde der

König Israels bezeichnet. Gott hatte dem Volk Israel versprochen, ihm einen König in der Nachfolge des Königs David zu schicken, der es aus aller Knechtschaft befreien und die Herrschaft Gottes über sein Volk Israel und über die ganze Welt aufrichten sollte.

Die Ankündigung des kommenden Messias hat Gott im Laufe der Geschichte seines Volkes Israel genauer bestimmt. Wir müssen uns klar machen, dass Jesus in die Geschichte Israels eingebettet ist. Der Titel Messias stellt ihn in den Zusammenhang des Königtums in Israel. Die Propheten haben angekündigt, dass er, der Messias, die Blinden sehend machen und auch die Lahmen heilen wird. Im Neuen Testament lesen wir, wie die Wunder, die Jesus tut, als Zeichen, also als Hinweise auf ihn als Messias angesehen werden. Sein vollmächtiges Reden und sein heilendes Handeln sind die verabredeten Erkennungszeichen des Messias.

Im Propheten Jesaja, Kapitel 53, wird der Kommende als der „leidende Gottesknecht" beschrieben. Er trägt stellvertretend die Schuld des Volkes, das in die Irre geht. Damit weist Gott schon im Alten Bund auf die Versöhnung durch das stellvertretende Leiden und Sterben des Messias hin.

Warum diese Stellvertretung nötig und möglich wird, erklärt vor allem der ungewöhnlichste Titel, den Jesus trägt. Das ist die Bezeichnung „Menschensohn". Dieser Ausdruck kommt 70 mal im Neuen Testament vor, und zwar immer nur in Worten, in denen Jesus von sich selbst redet. Nur einmal wird er in einem Zitat eines Wortes von Jesus durch einen anderen Menschen verwandt.

Die meisten Bibelleser denken sich bei dieser Bezeichnung nichts Besonderes und halten sie für eine etwas umständliche Formulierung für Mensch. Das trifft aber nicht zu.

Der Prophet Daniel gebraucht diesen Ausdruck in der Beschreibung einer großen Vision vom Weltgericht. Da sieht er einen kommen „mit den Wolken des Himmels wie eines Menschen Sohn“ (Daniel 7,13f). Dem übergibt Gott die Weltherrschaft und das Weltgericht. Der Menschensohn ist also der Generalbevollmächtigte Gottes. Wir müssen den Titel immer mit „Weltherr und Weltrichter“ übersetzen, um seine ganze Bedeutung zu erfassen.

Erst dann verstehen wir die Aussagen, die Jesus im Neuen Testament über sich selber macht. Erst dann begreifen wir den unerhörten Anspruch, den er erhebt. Übrigens gebraucht Jesus achtzig Mal für sich die Bezeichnung „Menschensohn“ in den vier Evangelien. Keine Bezeichnung gebraucht er öfter, um seinen Auftrag zu beschreiben.

Er redet von sich als dem kommenden Weltrichter, der „mit den Wolken des Himmels kommt“. Diese Wolke ist in der Bibel öfter ein Bild für die Nahtstelle zwischen der unsichtbaren Wirklichkeit Gottes und unserer sichtbaren Welt.

Jesus erhebt schon zu Zeiten seines irdischen Lebens den Anspruch, dass er wie Gott, der Richter, Sünden vergeben kann. Daran stoßen sich die bibelfesten jüdischen Lehrer (Markus 2,1-9). Sie wissen, dass nur Gott Sünden vergeben kann. In Jesus handelt Gott selbst. Welch ein Anspruch!

Die Spitze der Aussagen von Jesus über sich selbst steht

in Markus 10,45: „Der Menschensohn ist nicht gekommen, dass er sich dienen lasse, sondern dass er diene und gebe sein Leben als Lösegeld für die Vielen." Der Weltherr und Weltrichter ist nun wirklich der Einzige, der es verdient hat, dass ihm gedient wird. Er nimmt das Recht nicht in Anspruch. Er dient den Menschen. Und dieser Dienst sieht so aus, wie es in Jesaja 53 beschrieben wird: Er gibt sein Leben in den Tod, um dadurch die Vielen aus der Schuldknechtschaft frei zu kaufen.

Auf der Grundlage dieser biblischen Aussagen über Jesus können wir jetzt die einzelnen Aussagen des Glaubensbekenntnisses verstehen.

Glaube an Jesus Christus ist mehr als ein für wahr und für gut halten seiner Botschaft. Wie könnte man Glauben zutreffender beschreiben?

Wenn Jesus, der Menschensohn (das heißt: Weltherr und Weltrichter) Diener für uns Menschen ist, wie könnte sein Dienst für mich aussehen?

„Und an Jesus Christus, seinen eingeborenen Sohn"

Die einzigartige Beziehung

Der Ausdruck „Gottes eingeborener Sohn" kommt uns sehr fremd vor. Gemeint ist damit, dass Jesus zu Gott in einem Sohnesverhältnis steht, das unvergleichlich und einzigartig ist.

Im Alten Testament wird Israel als der Sohn Gottes bezeichnet. Als Sohn den Willen Gottes zu erfüllen, ist eigentlich die Bestimmung des Volkes Israel. Aber durch Misstrauen und Ungehorsam bricht es den Bund mit Gott.

Der Titel „Sohn Gottes" wird dann auch auf den König Israels übertragen. Psalm 2,7 : „Du bist mein Sohn, heute habe ich dich gezeugt."

Dieses Wort nimmt Gott in der Taufe an Jesus auf und spricht ihm zu: „Du bist mein lieber Sohn, an dir habe ich Wohlgefallen" (Markus 1,11).

Wir müssen uns klar machen, dass mit der Aussage „Sohn Gottes" nicht die besondere Zeugung und Empfängnis von Jesus gemeint ist. Die Sohnschaft drückt sich im Vertrauen und Gehorsam des Sohnes gegenüber dem Vater aus. Deshalb sagt Jesus: „Meine Speise ist die, dass ich tue den Willen dessen, der mich gesandt hat, und vollende sein Werk" (Johannes 4,34).

Und Paulus sieht die Einzigartigkeit von Jesus darin, dass Jesus seine Gottheit nicht wie etwas Geraubtes festhielt, sondern wegschenkte. „Er erniedrigte sich selbst und ward gehorsam bis zum Tode, ja zum Tode am Kreuz" (Philipper 2,5).

Der Kampf in der Nacht vor der Kreuzigung im Garten Gethsemane geht ganz und gar um den Weg des Gehorsams, den der Sohn im Vertrauen zu seinem Vater gehen will. Gerade hier redet Jesus Gott in einer intensiven Vertrautheit an. Er sagt „Abba" (Markus 14,36). Das muss man eigentlich mit „Papa" übersetzen. Hier zeigt sich die Einzigartigkeit seiner Sohnschaft. Aber genau diese enge Vertrautheit schenkt er uns durch sein Sterben und Auferstehen. Darauf kommen wir noch zurück.

Welche besondere Berufung verbindet sich mit dem Sohnsein von Jesus Christus, die offenbar nur er erfüllen kann?

„Und an Jesus Christus, seinen eingeborenen Sohn, unsern Herrn"

Das klingt nach Revolution

Wir können uns heute nur schwer vorstellen, wie exklusiv zur Zeit Jesu der Titel „Herr" – auf Griechisch „Kyrios" – geklungen hat. Denn diese Anrede war damals eigentlich für den Kaiser reserviert. Sie klang nicht so harmlos höflich und allgemein unverbindlich wie unsere Anrede „Herr Müller", wenn wir dem Nachbarn begegnen.

Wenn Menschen die Einladung zu Jesus Christus angenommen haben und ihr Leben im Vertrauen auf ihn und unter seiner Herrschaft leben wollten, ließen sie sich taufen. Das geschah häufig öffentlich. Bei der Taufe bekannten sie laut: „Jesus ist Herr."

Das klang in den Ohren der Zuschauer nach Revolution. Jedenfalls sagten sie damit eindeutig, dass ihre oberste Instanz im Fall des Falles Jesus und nicht der Kaiser war.

Einige Kaiser haben das testen wollen. Der Kaiserkult war in manchen Phasen des römischen Reiches der Kitt, der den Vielvölkerstaat zusammen halten sollte. Alles war möglich, solange die Untertanen letzten Endes auch dem Kaiser als Gottheit opferten. Doch Christen haben sich damals lieber foltern und töten lassen, als den Kaiser wie Gott zu verehren.

Man kann nur dankbar sein für die Freiheit, die wir in unserem Land genießen. Keiner wird wegen seines Glaubens an Jesus Christus mit dem Tode bedroht.

Aber es kann nicht verschwiegen werden, dass es z.B. im beruflichen Leben zu Situationen kommen kann, in denen das Bekenntnis zu Jesus, dem Herrn, teuer bezahlt werden muss. Es wird selten die Tatsache, dass jemand sich als Christ bekennt, kritisch beurteilt. Es kann aber zu kritischen Entscheidungen kommen, wenn es um Ehrlichkeit im geschäftlichen Verhalten geht. Wer ist dann der Herr? Gilt dann „Man muss Gott mehr gehorchen als den Menschen“?

Das Bekenntnis zu „Jesus Christus, unserm Herrn“ ist wahrhaftig nicht das Aussprechen einer theologischen Wahrheit, sondern eine Lebensentscheidung für den Alltag.

Obwohl das Glaubensbekenntnis in der ersten Person formuliert ist – „Ich glaube an Gott…“ , bezieht das Bekenntnis zu Jesus als dem Herrn die anderen Christen mit ein: „unsern Herrn“. Wir gehen den Weg des Gehorsams gemeinsam. Wir leben gemeinsam unter seiner Herrschaft. Wir gehören durch Jesus zusammen. Wir sind keine Einzelkämpfer, auch wenn wir als Einzelne Gewissensentscheidungen durchstehen müssen.

?

Welche Vorstellungen verbinden wir heute damit, wenn wir Jesus als „Herrn“ bezeichnen oder ihn im Gebet so anreden?

„... empfangen durch den Heiligen Geist, geboren von der Jungfrau Maria“

Am Anfang die notwendige Provokation

Diese Aussagen des Glaubensbekenntnisses sind für viele eine Zumutung. Wie soll man sich das vorstellen? Ist das nicht Legendenbildung nach bekanntem Strickmuster? Da soll einer zu göttlichen Ehren befördert werden. Darum erzählt man eine Abstammungsgeschichte von Gott und nur zum Teil von den Menschen.

Die Frage nach der Vorstellbarkeit erledigt sich relativ schnell, finde ich. Die Schöpfung ist nicht vorstellbar, wie wir gesehen haben. Die Auferweckung von Jesus ist auch nicht vorstellbar. Vorstellbar ist alles, was prinzipiell wiederholbar ist und was auch sonst schon mal vorkommt. Diese Frage müssen wir an der Auferstehung von Jesus klären.

Die Bedeutung der Aussage „empfangen durch den Heiligen Geist“ ist glasklar. Sie mag uns nicht gefallen. Aber darin liegt gerade ihre provokative Bedeutung.

Bei dem rettenden Geschehen, dass Gott in Jesus Mensch wird, spielt Gottes Schöpfergeist die alles entscheidende Rolle. Der Mensch kommt in dieser Geschichte als Schöpfer und Produzent nicht vor. Der zeugende

Vater ist ausgeschaltet. Damit ist von vornherein klar: Der Mensch kann seine Rettung nicht selbst produzieren. Er kann auch nicht mitproduzieren.

Gott muss alles selber schaffen, wenn die Rettung überhaupt gelingen soll. Jede schöpferische Mitwirkung des Menschen macht die ganze Rettung unsicher.

Der Mensch kommt nur als Empfangender vor. Maria ist das Modell des Glaubens. Gott schenkt sich dem Menschen. Maria sagt dem himmlischen Boten, der ihr die Geburt von Jesus ankündigt: „Siehe, ich bin des Herrn Magd; mir geschehe, wie du gesagt hast" (Lukas 1,38).

Weil wir gern als Schöpfer mitbeteiligt wären, empfinden wir die Ausschaltung des Menschen in der Zeugung als Zumutung. Die Provokation stellt Gott gleich an den Anfang der Geschichte von Jesus. Damit sind die Verhältnisse geklärt. Wer sich ärgern will, muss sich ärgern.

Wer das Signal Gottes aber kapiert, freut sich, dass die Rettung wirklich gelingt und gewiss ist, weil Gott alles ganz allein schafft. Wir dürfen fröhlich unsere leeren Hände aufhalten und Gottes Geschenk, das Jesus heißt, annehmen.

Die Jungfrauengeburt ist in Diskussionen umstritten. Wir können die Frage „Wie ist das geschehen?" offenbar nicht beantworten. Wie lautet aber unsere Antwort, wenn wir fragen: „Was hat es für Folgen für mich, wenn das Unerklärbare trotzdem geschehen ist?"

„... gelitten unter Pontius Pilatus“

Keine Mythen und Märchen

Wie ist Pontius Pilatus ins Glaubensbekenntnis geraten? Außer Jesus und seiner Mutter Maria wird nur noch dieser korrupte römische Karrierebeamte namentlich erwähnt. Ist das nicht zu viel Ehre für eine so zweifelhafte Figur?

Wir wissen nicht allzu viel über ihn. Aber es steht historisch fest, dass er in der Zeit von 26 bis 36 n.Chr. römischer Statthalter in Judäa und Samaria war. Er wird bei dem jüdischen Schriftsteller Josephus und bei dem römischen Geschichtsschreiber Tacitus erwähnt. Im historischen Cäsarea am Meer, wo Pilatus residierte, fand man im letzten Jahrhundert eine Steintafel mit der Inschrift: „Pontius Pilatus, der Statthalter von Judäa, hat den Bewohnern von Cäsarea einen Tempel zu Ehren des Tiberius gestiftet.“

Mit der Erwähnung des Pilatus betont das Glaubensbekenntnis, dass Leben, Tod und Auferstehung Jesu tatsächlich passierte, historisch geschehene Ereignisse sind. Es gibt immer wieder Versuche, die biblische Botschaft von Jesus so auszulegen, als käme es auf die geschichtlichen Tatsachen nicht an. Nur die tiefere Bedeutung sei wichtig. Und solche Bedeutsamkeiten können natürlich auch durch Märchen und Legenden anschaulich gemacht werden.

Nein, es geht im Evangelium von Jesus Christus nicht

um Mythen und höhere oder tiefere Wahrheiten. Es geht um Gottes Handeln in der Geschichte. Und dieses Handeln ist so wirklich, dass man Jahreszahlen nennen kann. Man kann es zu den politischen Rahmenbedingungen in Beziehung setzen. Wir erleben das in den Evangelien dauernd. Die Geburtsgeschichte wird mit der römischen Volkszählung und dem Statthalter Quirinius verbunden. Wir hören von dem mörderischen König Herodes und von seinen Söhnen, die von Roms Gnaden Teile des Landes regierten, von der politisch eingeschränkten Rolle des Hohen Rates in Jerusalem, von den jüdischen Parteien der Pharisäer und Sadduzäer usw.

Die Erwähnung von Pontius Pilatus erinnert uns nachdrücklich daran, dass die Herrschaft von Jesus sich radikal von den Herrschaftsformen in dieser Welt unterscheidet. Das wird in der Leidensgeschichte durch die Gegenüberstellung von Jesus und Pilatus deutlich. Leider geriet es allzu schnell in Vergessenheit, als der christliche Glaube durch Kaiser Konstantin zur Staatsreligion des römischen Reiches erklärt wurde. In der Verbindung von Thron und Altar hat in Europa zu häufig Pilatus und nicht Jesus die Leitlinien des Handelns bestimmt.

Welche Bedeutung hat es für uns, dass das Leben, Leiden, Sterben und Auferstehen von Jesus mit Tatsachen der allgemeinen Weltgeschichte verbunden ist?

„... gekreuzigt, gestorben und begraben“

Kann Gott sterben?

Diese drei Worte sind so kurz und brutal, dass es schlimmer nicht klingen kann. Die Religiösen haben sich immer schon daran gestoßen. Auch unter den Christen der frühen Zeit hielten es manche für unmöglich, dass der Sohn Gottes tatsächlich hingerichtet worden sei.

Jesu Gegner unter dem Kreuz haben die Logik bestimmt: „... hilf dir nun selber und steig herab vom Kreuz!“

„Er hat andern geholfen und kann sich selbst nicht helfen. Ist er der Christus, der König von Israel, so steige er nun vom Kreuz, damit wir sehen und glauben“ (Markus 15,30-32).

Schon bald gab es christliche Theorien und Spekulationen, dass der Sohn Gottes in Wirklichkeit gar nicht am Kreuz gestorben sei. Man habe ihn verwechselt mit Simon von Kyrene oder mit Judas Ischarioth. Oder der wirkliche Sohn Gottes sei vor der Kreuzigung in den Himmel zu Gott aufgefahren, nur die menschliche Hülle des Jesus von Nazareth sei am Kreuz gestorben. Damit schien die göttliche Autorität des Jesus Christus gerettet.

Es ist interessant, dass der Koran diese Logik knapp 600 nach Christus übernommen hat. Im Islam wird Jesus (arabisch: Isa) als Prophet, ja als der größte Prophet überhaupt verehrt. Seine Jungfrauengeburt, seine Wunder, seine Himmelfahrt und seine Mitwirkung beim letzten Gericht werden verkündet. Aber strikt leugnet der Koran, dass Jesus gekreuzigt wurde.

„Und weil sie sprachen: ‚Siehe, wir haben den Messias Jesus, den Sohn der Maria, den Gesandten Allahs, ermordet' – doch ermordeten sie ihn nicht und kreuzigten ihn nicht, sondern einen ihm ähnlichen... Sie wissen nichts von ihm, sondern folgen nur Meinungen; und nicht töteten sie ihn in Wirklichkeit, sondern es erhöhte ihn Allah zu sich; und Allah ist mächtig und weise. Und wahrlich vom Volk der Schrift wird jeder an ihn glauben vor seinem Tode; und am Tag der Auferstehung wird er wider sie Zeuge sein" (Sura 4,156-157)

Für die angeblich nicht stattgefundene Kreuzigung werden keine historischen, sondern theologische Argumente ins Feld geführt: „Allah ist mächtig und weise." Er würde nie zulassen, dass sein Prophet tatsächlich getötet wird.

Im Gegensatz dazu bezeugt die Bibel, dass Gott sich im Sterben von Jesus mit der Allmacht seiner Liebe uns offenbart. So ist Gott. Er kann sterben. Auch wenn das in keine religiösen Vorstellungen von Gott hinein passt. Er schlüpft stellvertretend in die Position des Angeklagten, und der Richter der Welt trägt auch das Urteil.

Darum ist der Bibel und dem Glaubensbekenntnis die Tatsächlichkeit und Endgültigkeit des Sterbens und Begrabenwerdens so wichtig. Die Beisetzung im Grab unterstreicht die Tatsächlichkeit des Sterbens. Menschlich gesehen ist Sterben unwiderruflich und endgültig und darum so brutal.

Die Hinrichtung durch Kreuzigung hat aus römischer und jüdischer Sicht eine unterschiedliche Bedeutung. Die Römer praktizierten sie als eine öffentliche Erniedrigung und Schändung des Verurteilten. Ein römischer Bürger durfte nicht gekreuzigt werden.

Nach jüdischem Recht ergab sich noch eine andere Bedeutung: „Verflucht ist jeder, der am Holze hängt“ (5. Mose 21,23; Galater 3,13). Die Kreuzigung war Ausdruck dafür, dass der Hingerichtete von Gott verflucht war. Jesus trägt also den Fluch des Gerichtes Gottes, der eigentlich uns Menschen treffen muss.

Mitten am Tag bricht über die Kreuzigungsstätte quasi die Nacht herein (Markus 14,33). Damit erfüllt sich das von den Propheten angekündigte Zeichen, dass der „Tag des Herrn“ ein finsterer Gerichtstag sein wird (Amos 5,18; Zefanja 1,15; Joel 2,10-11; 3,4). Die Kreuzigung ist die stellvertretende Vorwegnahme des letzten Gerichtes, an dem ein Urteil über die ganze Welt gesprochen werden soll.

Die Einmaligkeit und Endgültigkeit dieses Geschehens ist grundlegend wichtig.

Wie sehe ich die Wirkungen des Kreuzestodes von Jesus für mein Leben?

Welche Konsequenzen ziehe ich daraus?

„... hinabgestiegen in das Reich des Todes“

Was ist mit denen, die vor Jesus gelebt haben?

Das Neue Testament ist sehr zurückhaltend mit Aussagen über Zustand und Aufenthalt des Menschen nach dem Sterben. Für unsere beschränkte Vorstellungskraft und für die Logik in der Welt von Raum und Zeit stellen sich hier schwierige Fragen. Gibt es einen Zwischenzustand des Menschen nach seinem Tod bis zur Auferweckung der Toten am Ende der Weltgeschichte? Die Frage stellt sich natürlich nur in einer Welt, die von der ablaufenden Zeit bestimmt ist. In Gottes Welt gibt es keine Vergänglichkeit. Er ist zu jedem Zeitpunkt der Weltgeschichte gleich gegenwärtig. Das geht nicht in unseren Kopf.

Was ist mit den Menschen, die vor Jesus Christus gelebt haben und gestorben sind? Sie können Jesus doch nicht kennen? Hat Gott für sie keine Rettung geschaffen?

Genau auf diese Frage antwortet das Neue Testament mit einem kurzen, aber deutlichen Hinweis. Wir lesen im 1. Petrusbrief 3,18-20: „Christus hat einmal für die Sünden gelitten, der Gerechte für die Ungerechten, damit er euch zu Gott führte, und ist getötet worden nach dem Fleisch (das heißt: wie ein sterblicher Mensch), aber lebendig gemacht nach dem Geist (das heißt: durch den Schöpfergeist Gottes). In ihm (also durch den Geist Gottes) ist er auch hingegangen und hat gepredigt den Geistern im Gefängnis, die einst ungehorsam waren, als Gott harrte und Geduld hatte zur Zeit Noahs."

Wenige Sätze später schreibt Petrus davon, dass Menschen Gott für ihr Leben Rechenschaft ablegen müssen. Gott wird die Lebenden und die Toten richten. Dann fährt Petrus fort: „Denn dazu ist auch den Toten das Evangelium verkündigt, dass sie zwar nach Menschenweise gerichtet werden im Fleisch, aber nach Gottes Weise das Leben haben im Geist" (1. Petrus 4,6).

Keine einfache Sprache, aber doch klar in der Bedeutung: Die Menschen zur Zeit der Sintflut sind ihrem Leben ohne Gott entsprechend von Gott gerichtet worden. „Im Fleisch", das heißt gemäß ihrem sterblichen Leben, das sie ohne und gegen Gott gelebt haben. Aber der gekreuzigte Jesus hat auf für uns unvorstellbare Weise diesen Generationen die Botschaft der Befreiung durch Vergebung der Schuld verkündet. Sie haben also alle die gleiche Möglichkeit wie wir, das Geschenk anzunehmen und mit Gott in Ordnung zu kommen. Sie sind ebenso wenig wie wir automatisch gerettet. Aber sie haben die gleiche Chance durch Jesus.

„Hinabgestiegen in das Reich des Todes" – was bedeutet dieser Satz? Beschreibt er nur, dass Jesus wirklich tot und nicht nur scheintot war? Das wäre Grund genug für diesen Satz, wie wir vorhin schon sahen.

Aber es geht in diesem Bekenntnissatz um mehr. Er sagt: Alle Menschen wurden und werden durch das stellvertretende Sterben von Jesus erreicht. Die vor Jesus gelebt haben, werden nicht unfair benachteiligt. Sie bekommen das Evangelium von der Versöhnung und der Vergebung durch Jesus selbst mitgeteilt.

Dazu ist Jesus in das Reich des Todes hinabgestiegen. Was wie der Tiefpunkt auf dem Leidensweg Jesu aussieht, ist doch sein größter Sieg.

So ganz nebenbei fällt damit ein allzu billiges Argument weg, das manche Menschen hervorziehen, um sich Jesus vom Leib zu halten. Sie meinen, sie könnten nicht an Jesus glauben, weil dessen Rettungstat unfairer Weise denen nicht zugute gekommen wäre, die vor ihm gelebt haben und gestorben sind. Die können wir getrost dem direkten Wirken von Jesus überlassen. Wir aber stehen vor der wichtigsten Entscheidung unseres Lebens, wenn Jesus uns mit seinem Angebot begegnet.

Für die Menschen, die vor Jesus gelebt haben ist gesorgt. Statistisch gesehen leben heute wahrscheinlich wesentlich mehr Menschen als bis zu Jesu Geburt überhaupt jemals gelebt haben. Wie erfahren Menschen heute das Angebot von Jesus?

Wie kann ich bei der Vermittlung des Evangeliums mitwirken?

„… am dritten Tage auferstanden von den Toten“

Davon hängt alles ab

Wenn man die Tage zwischen der Hinrichtung Jesu und seiner ersten Begegnung nach der Auferstehung mit den Frauen und den Jüngern zählt, kommt der Westeuropäer auf gut anderthalb Tage. Allerdings ist es jüdische Übung, den begonnenen ersten und den noch nicht vollendeten letzten Tag mitzuzählen.

Auch hier geht es um datierbare Tatsachen. Nicht nur um innere Betroffenheit, um Gefühlseindrücke oder Gedankengebäude. Nach den Aussagen des Neuen Testaments ist die Auferweckung von Jesus ein Ereignis, das durch Gottes Handeln zustande gekommen ist. Es ist völlig unabhängig von dem, was die Freunde oder die Feinde von Jesus gedacht, gemeint oder geglaubt haben.

Ich betone das, weil seit Jahrzehnten immer wieder auch in manchen Kirchen mit salbungsvollem Tonfall verkündet wird, es komme gar nicht darauf an, ob das Grab leer gewesen sei. Es gehe nicht um historische Tatsachen, es gehe um den Glauben, dass die Sache von Jesus nicht aufhört. Die einen sagen, Jesus sei in den Glauben seiner Jünger auferstanden. Die anderen sagen, er lebe in der Verkündigung seiner Worte weiter.

Das ist genauso stichhaltig wie die Beteuerung eines

Enkels, sein geschätzter Großvater lebe im Lebenswerk seiner Enkel weiter. Es kann ja sein, dass Gedanken, Worte und Taten über den Tod des Menschen hinaus weiter wirken. Aber es ist eine übertriebene, beschönigende Redeweise, wenn man dann sagt: Er lebt weiter. Man meint es ja auch nicht wirklich so. Es ist eine Übertreibung aus Wertschätzung, versteht sich. Man meint es im übertragenen Sinn.

Das mag dann sogar ganz fromm und ehrfürchtig klingen. Aber der christliche Zungenschlag täuscht nur darüber weg, dass man im Grunde betrogen wurde. Die Bibel redet in dieser Sache eine geradezu schonungslos harte Sprache. Wohltuend deutlich, weil sie uns nicht in religiöse Lügen einlullt.

Paulus war ja bekanntlich ein scharfer Gegner Jesu und des christlichen Glaubens. Als er aber dem auferstandenen Jesus auf dem Weg nach Damaskus begegnete, wurde sein ganzes Leben und Denken verändert.

In seinem ersten Brief an die Korinther redet er von den Grundlagen des Glaubens an Jesus. Er erinnert die Christen in Korinth an die Botschaft von Jesus, die ihnen verkündigt wurde und die sie rettet: „Dass Christus gestorben ist für unsre Sünden nach der Schrift; und dass er begraben worden ist; und dass er auferstanden ist am dritten Tage nach der Schrift; und dass er gesehen worden ist von Kephas, danach von den Zwölfen. Danach ist er gesehen worden von mehr als fünfhundert Brüdern auf einmal, von denen die meisten noch heute leben, einige aber sind entschlafen. Danach ist er gesehen worden von Jakobus, danach von allen Aposteln. Zuletzt von allen ist er auch von mir als einer unzeitigen Geburt gesehen worden“ (1. Korinther 15,3-8).

Ist das, was Paulus schreibt, ein Beweis für die Auferweckung? Es ist zuerst einmal der Beweis dafür, dass die Zeugen des Neuen Testaments die Auferweckung Jesu als eine Tat Gottes am Leichnam des gekreuzigten Jesus sahen, die ihrem Denken und Glauben voran ging. Am Anfang war nicht der Glaube an die Auferstehung, sondern die tatsächliche Auferstehung. Der auferstandene Jesus begegnete verschiedenen Menschen an verschiedenen Orten und zu verschiedenen Zeiten. Bei den mehr als fünfhundert Augenzeugen fügt Paulus ausdrücklich hinzu, dass die meisten noch leben. Eine klare Einladung, die Zeugen zu befragen und ihre Aussagen zu überprüfen.

Von der tatsächlichen Auferweckung hängt dann auch alles ab. Auch in dieser Hinsicht ist Paulus radikal. Er argumentiert in seinem Brief so: Wenn die Toten am Ende der Geschichte nicht auferstehen, dann ist Jesus auch nicht auferstanden. Wenn Jesus nicht auferstanden ist, dann werden auch die Toten nicht auferstehen.

Mehr noch. Wenn Jesus nicht auferstanden ist, dann ist auch unser Glaube an ihn eine hohle Phrase, dann gibt es keine Vergebung der Sünden, dann sind all jene Prediger Lügner, die sagen, Jesus sei auferstanden. Dann sind auch die, die im Vertrauen auf Jesus gestorben sind, betrogen.

Heute ist es eher üblich zu sagen: Hauptsache es hilft einem, auch wenn es nicht wahr ist. Der Glaube wird wie eine Droge angesehen, die beruhigt und ein Glücksgefühl vermittelt. Wenn dieses Gefühl eintritt, ist es egal, ob der Inhalt des Glaubens stimmt oder nicht. So argumentieren die Vertreter der Opium-Religion. Und das Christentum wurde und wird immer noch als Opium-Religion gehandelt und angeboten.

Paulus aber schreibt: „Hoffen wir allein in diesem Leben auf Christus, so sind wir die elendesten unter allen Menschen. Nun aber ist Christus auferstanden von den Toten als Erstling unter denen, die entschlafen sind" (1. Korinther 15,19-20).

Wenn Jesus nicht auferstanden ist, sind alle, die an ihn glauben, betrogene Betrüger. Alles hängt von der Tatsache der Auferweckung ab.

Die Auferweckung Jesu ist die Bestätigung Gottes für das Reden, das Leben, das Tun, das Leiden und Sterben von Jesus. Gott erklärt damit sozusagen amtlich: Jesus ist die Schlüsselfigur für das Leben.

Wenn Jesus aber auferstanden ist und lebt, dann kann er sich selbst uns in einer Weise bezeugen, dass alle unsere Zweifel überwunden werden. Darauf sind wir angewiesen. Damit dürfen wir aber auch rechnen. Jesus hat versprochen: „Wer sucht, der findet; wer anklopft, dem wird aufgetan" (Matthäus 7,7). Das geschieht nicht willkürlich und zufällig wie bei der Lotterie. Jesus lädt uns ein, zu tun, was er sagt, und dadurch zu erkennen, dass er lebt. Er hat gesagt: „Wer meine Worte hört und tut, den vergleiche ich mit einem klugen Mann, der sein Haus auf Fels baute" (Matthäus 7,24). Glauben ist ein praktisches Anwenden des Gehörten, um heraus zu finden, ob es wahr ist.

Wie stichhaltig erscheinen mir die Gründe für die Auferstehung?

Welche Auswirkungen hat die Argumentation für meinen Glauben?

„… aufgefahren in den Himmel“

Der Übergang

Die Himmelfahrt von Jesus ist der Abschluss, das zeitliche Ende der sichtbaren Erscheinungen des Auferstandenen vor seinen Jüngern. Nur dem Verfolger Saulus begegnete er in einem blendenden Licht und mit einer hörbaren Stimme. Allerdings nicht in jener leiblichen Gestalt, in der er den Menschen an und nach Ostern zuerst entgegen trat, wie das in den Auferstehungsberichten der Evangelien deutlich wird.

Die Wolke, die Jesus vor den Augen der Jünger weg nimmt, kommt in der Bibel an bezeichnenden Stellen vor: Daniel zum Beispiel sieht den Menschensohn als Weltrichter „mit den Wolken des Himmels“ kommen.

Die Wolke bezeichnet die Nahtstelle zwischen der unsichtbaren Wirklichkeit Gottes und unserer sichtbaren Welt.

Die Wegnahme aus der sichtbaren Welt bedeutet zugleich die Berufung an die Seite Gottes, des Vaters. In Ausübung dieser Weltautorität erteilt Jesus seinen Nachfolgern den weltmissionarischen Auftrag: „Ihr werdet die Kraft des heiligen Geistes empfangen und werdet meine Zeugen sein in Jerusalem und in ganz Judäa und Samarien und bis an das Ende der Erde“ (Apostelgeschichte 1,8).

Eine Klarstellung: In der deutschen Sprache gebrauchen wir den Ausdruck „Himmel“ sowohl für den Himmel, wo die Gestirne zu sehen sind und die Flugzeuge fliegen, als auch für die unsichtbare Welt Gottes. Im Englischen stehen mit „sky" und „heaven" zwei unterschiedliche Worte zur Verfügung. Gott sitzt nicht hinter dem Mond. Seine Wirklichkeit durchdringt unsere sichtbare Wirklichkeit in jedem Atom und übersteigt das Universum unendlich. Auch in der Bibel ist Gott zugleich höher als die Himmel und umgibt uns Menschen von allen Seiten (Psalm 139).

Wenn das Glaubensbekenntnis sagt „aufgefahren in den Himmel", dann steht die räumliche Ausdrucksweise für die Berufung Jesu in die Vollmachtsposition Gottes.

Der russische Kosmonaut Juri Gagarin wurde nach dem ersten Flug eines Menschen im Weltraum mit den Worten zitiert, er habe Gott nirgendwo entdecken können. Wie würde ich ihm antworten?

„... er sitzt zur Rechten Gottes"

Der Generalbevollmächtigte

In den orientalischen Herrscherhäusern war der Platz zur Rechten des Großkönigs für den Generalbevollmächtigten bestimmt. Diese Tatsache nimmt die Bibel als Bild auf.

Im Psalm 110,1 lesen wir: „Der HERR sprach zu meinem Herrn: ‚Setze dich zu meiner Rechten, bis ich deine Feinde zum Schemel deiner Füße mache.‘ Dieser Psalm ist sehr bedeutungsvoll für das Neue Testament. Er wird häufig zitiert, wenn es um die Messiaswürde Jesu geht.

Wir haben aber gesehen, dass der Titel „Menschensohn“ auf Grund der Prophetie des Daniel (7,13-14) Jesus als Weltherrn und Weltrichter bezeichnet. Der Menschensohn erhält von Gott alle diesbezügliche Vollmacht übertragen.

Jesus ist also der Generalbevollmächtigte Gottes. Wenn wir das so sagen, dürfen wir allerdings nie vergessen, dass wir mit unserer Beschreibung nur unzulängliche Annäherungen an die Wirklichkeit Gottes erreichen. Gott ist einer, eine einzige Person. Die Bibel unterscheidet Vater, Sohn und Heiliger Geist, weil sie betonen will, dass jedes Mal der eine und einzige Gott selbst am Werk ist. Über das Innenverhältnis zwischen Vater, Sohn und dem Heiligen Geist zu spekulieren, steht uns nicht zu.

Dass Jesus den Platz zur Rechten Gottes inne hat, bedeutet für uns aber etwas sehr Praktisches und auch Entscheidendes.

Paulus schreibt im Römerbrief 8,34: „Wer will verdammen? Christus Jesus ist hier, der gestorben ist, ja vielmehr, der auch auferweckt ist, der zur Rechten Gottes ist und uns vertritt.“

Jesus ist nicht untätig. Er ist heute aktiv für uns tätig. Wenn ich an Gott und den Menschen schuldig geworden bin, dann droht mir von Gottes Heiligkeit das tödliche Gericht. Meine Sünde und Gottes Heiligkeit passen einfach nicht zusammen. Weil ich aber zu Jesus gehöre und mein ganzes Leben ihm anvertraut habe, tritt er selbst vor Gott für mich ein. Er erklärt sozusagen, dass er selbst für mich bereits das Todesurteil getragen hat. Ich bin also wegen Jesus frei und ohne Schuld.

Er selbst aktualisiert seinen Kreuzestod, der damals zu dem bestimmten Zeitpunkt ein für alle Mal geschehen ist. Er erklärt ihn heute vor Gott für gültig. Zugleich wendet er sich mir zu, wenn ich um Vergebung bitte, und spricht mir durch den Heiligen Geist die Vergebung ebenso aktuell zu.

Viele haben sich Sorgen darüber gemacht, wie man eine so alte Geschichte von vor fast 2000 Jahren in die heutige Zeit übertragen und für heute gültig und wirksam machen kann. Der Dichter Gotthold Ephraim Lessing hat von dem „garstigen Graben“ der Geschichte gesprochen, den man überwinden müsse. Nur – wie soll das geschehen? Dazu sind komplizierte Methoden ausgedacht worden. Sie wirken alle etwas rührend. All unsere Versuche, die alte Geschichte zu aktualisieren, sind doch vergeblich, wenn nicht Jesus selbst heute handelt. Genau das aber wird in dieser Aussage des Glaubensbekenntnisses festgestellt.

Was für eine ermutigende Botschaft! Als Stephanus in Jerusalem von einem wütenden Mob gesteinigt wird, bezeugt er noch im Sterben, dass er den Himmel offen und Jesus, den Menschensohn, zur Rechten Gottes stehen sieht (Apostelgeschichte 7,55-56). In der Stunde der größten Ohnmacht und Erniedrigung sieht er Jesus in seiner größten Herrlichkeit und Macht.

Manchmal wird die Dreieinigkeit Gottes mit dem Bild der drei verschiedenen Aggregatzustände von Wasser veranschaulicht: Eis, Wasser, Dampf. Was kann ich – angeregt durch dieses Bild - über meine Erfahrungen mit dem dreieinigen Gott sagen?

„... er sitzt zur Rechten Gottes, des allmächtigen Vaters“

Die auffällige Wiederholung

Schon im ersten Teil des Glaubensbekenntnisses wurde von Gott als dem Vater und dem Allmächtigen geredet. Durch die Wiederholung werden diese beiden Bezeichnungen als besonders wichtig herausgestellt.

Wir haben schon früher gesehen, dass gerade diese Bezeichnungen sehr missverständlich sind, weil sie mit menschlichen Vorstellungen gefüllt werden. Damit aber haben wir Gottes Bild verfälscht und verzerrt. Vatersein und Allmacht Gottes sind keine Hochrechnungen menschlicher Eigenschaften. Ganz allein durch die Offenbarung Gottes in Jesus können wir wirklich erfassen, was Vaterfürsorge Gottes ist. Die Allmacht Gottes umschließt zwar die Schöpfermacht und Auferweckungskraft, aber eben auch die Allmacht der Liebe Gottes, die zum Sterben führt. Das erscheint uns widersprüchlich. Gottes Allmacht offenbart sich so in Jesus. Nicht unsere Logik ist der Maßstab, sondern Jesus Christus.

?

Wie nahe kommt meine Gottesvorstellung der Beschreibung Gottes in der Bibel?

Welche Unterschiede stelle ich fest zwischen dem, was ich über Gott denke und was die Bibel über Gott sagt?

„... von dort wird er kommen“

Aktueller, als wir denken

Jesus kommt uns entgegen. Er kommt aus der Zukunft auf uns zu. Nicht wir müssen ihn aus der Vergangenheit in die Gegenwart bringen. Nicht wir müssen ihn zeitgemäß machen. Er wird aktueller sein, als uns lieb ist. Das heißt: Er wird handeln, wenn keiner mehr etwas tun kann.

Während ich diese Zeilen niederschreibe, sitze ich in einer mittelgroßen Stadt eines früher kommunistischen Landes. Ich habe in der Stadt Vorträge über den christlichen Glauben zu halten. Freundlicherweise empfing mich zu Anfang meines Aufenthaltes der Bürgermeister der Stadt zu einem Gespräch. Wir tauschten eine Reihe Freundlichkeiten und interessante Informationen aus.

Er war ein uriger Typ und erklärte mir, dass er Atheist sei. Ich fand das nicht unsympathisch. Er wollte mir nicht aus Höflichkeit nach dem Munde reden. Er wollte nichts sagen, was nicht seiner Überzeugung entsprach. Ich hatte ihm berichtet, dass wir Christen für die Menschen in politischer Verantwortung beten, egal welche weltanschauliche Orientierung sie haben. Er erklärte noch einmal, dass er sich für die Gebete bedanke, obwohl er wisse, dass es keinen Gott gebe. Ich lachte und sagte: „Wir müssen darüber nicht streiten. In 50 Jahren wissen wir beide mehr. Dann sind wir Gott direkt begegnet. Er ist immer für eine Überraschung gut.“

Ich bin sehr gelassen, weil wir Jesus nicht irgendwie für die modernen Menschen modern zurechtmachen müssen. Er kommt von vorne. Er kommt aus der Position des Weltherrschers und Weltrichters.

Der Zeitgeist macht uns zu Menschen ohne Hoffnung. Wir wollen alles, aber jetzt. Wie verändert die Hoffnung, dass Jesus kommt, unsere Einstellung zum Leben heute?

„... zu richten die Lebenden und die Toten“

Die Garantie der Menschenwürde

Jesus hat als der Schöpfer das erste Wort der Weltgeschichte gesprochen. Er wird als der Richter das letzte Wort der Weltgeschichte sprechen. Er wird über jedem einzelnen Leben das entscheidende letzte Wort sprechen. Er wird die Toten aus den Gräbern vor sein Angesicht rufen. Er wird die zu dem Zeitpunkt auf der Erde Lebenden zur Verantwortung ziehen.

Jesus hat eindeutig gesagt, dass es einen doppelten Ausgang der Weltgeschichte geben wird – jedenfalls was die einzelnen Menschen angeht. Die einen werden in Ewigkeit mit Gott in Gemeinschaft leben und Gott von Angesicht zu

Angesicht sehen. Die anderen werden von ihm in Ewigkeit getrennt sein. Diese Gottesferne nennt die Bibel Hölle.

Gegen diese Aussagen der Bibel und des Glaubensbekenntnisses hat es viele Einwände gegeben.

Die einen kritisieren, dass mit der Androhung des Gerichtes den Menschen Angst gemacht würde. Das Argument habe ich nie ganz verstanden, obwohl ich es mir dauernd anhören muss. Wenn ein Mensch nicht an die Existenz Gottes glaubt, kann man ihm ja auch mit der Androhung des Gerichtes Gottes keine Angst machen.

Andererseits ist Angst ein notwendiges Warnsignal, wenn tatsächlich Gefahr besteht. Das ist so, wie der Schmerz auf eine tiefer liegende Krankheit aufmerksam macht. Das Signal weckt einen auf, sodass man etwas gegen die Gefahr unternehmen kann. Angst ist das Engegefühl, das man empfindet, wenn es gefährlich eng wird. Wenn dieses Warnsystem nicht funktioniert, ist unser Leben akut gefährdet. Angst und Schmerzen sind zwar nicht schön, aber notwendig.

Schlimm ist nur, wenn das Alarmsystem dauernd ohne wirklichen Grund aktiv ist. Wenn man also Angst hat vor Dingen, die man gar nicht fürchten muss oder die es gar nicht gibt.

Wenn Gott lebt und uns richten wird, dann können wir einen schrillen Alarm zur Warnung sehr gut gebrauchen.

Mich hat in den letzten Jahren die Aussage des Frankfurter Politikwissenschaftlers Professor Iring Fetscher sehr beschäftigt. Er hat geschrieben, dass unsere Gesellschaft „eine Gesellschaft der Schuldlosen" geworden sei. Keiner fühlt sich verantwortlich für sein Handeln. Im Zweifelsfall sind die Umstände, die Eltern, die Gesellschaft schuld.

Interessanterweise betont Iring Fetscher jedoch, dass der Mensch seine Menschenwürde verliert, wenn er nicht mehr verantwortlich sein will. Was also so unschuldig oder auch barmherzig aussieht, ist in Wirklichkeit Zerstörung der Menschenwürde.

Das Gericht Gottes ist die letzte Garantie der Menschenwürde. Gott lässt nicht zu, dass wir zu Tieren erniedrigt werden, die für ihr Verhalten nicht verantwortlich sind. Wir sollten deutlich sehen, dass selbst die herbe und strenge Botschaft vom Gericht Gottes uns Menschen sehr gut tut.

Starke Einwände gegen die Botschaft vom Gericht Gottes kommen auch von innen aus der Christenheit. Sie gründen sich auf Spekulation. Man kann sich nicht vorstellen, dass Gott in Ewigkeit mit ansieht, dass Menschen verloren sind. Wenn Gott allmächtig ist, wird seine Liebe und Rettung keine Grenzen kennen. Paulus sagt ja auch, dass Gott am Ende alles in allem sein wird (1. Korinther 15,28).

Zugegeben, es gibt Aussagen im Neuen Testament, die solche Schlussfolgerungen nahe legen. Aber Schlussfolgerungen sind Instrumente unserer menschlichen Logik. Dass die auf Gottes Wirklichkeit nicht anzuwenden ist, haben wir schon bei der Erörterung der Allmacht Gottes gesehen.

Die klaren Aussagen der Bibel müssen die unklaren erläutern. Das ist ein wichtiger Grundsatz in der Auslegung der Bibel.

Letztlich ist es unbarmherzig und verlogen, wenn man das Gericht Gottes angeblich um der Menschen willen verschweigt. Gott nimmt die Menschen ernst, weil er sie liebt.

Weil er sie liebt, will er nicht, dass ihnen die Wahrheit vorenthalten wird. Die unbequeme Wahrheit vom Gericht Gottes ist nur erträglich, weil Jesus dieses Gericht bereits am Kreuz für uns getragen hat. Wir dürfen die Stellvertretung gerne annehmen, auch wenn wir im Nachhinein erschrecken über das furchtbare Gericht Gottes, dem wir durch Jesus entronnen sind.

Als Student habe ich in den Semesterferien regelmäßig als Hilfsarbeiter auf dem Bau gearbeitet. Einmal war ich auf der Baustelle einer Benzolfabrik in Gelsenkirchen eingesetzt. Ich musste Bandeisen verlegen und arbeitete auf der untersten Ebene einer vierstöckigen Stahlkonstruktion.

Plötzlich hörte ich Schreie. Ich wusste weder, wer da rief, noch wer gemeint war. Ich richtete mich auf und drehte mich um. Unmittelbar hinter mir stand senkrecht eine dicke Holzschwelle – eine Bohle, die man beim Gleisbau verwendete. Einige Augenblicke stand sie noch senkrecht, dann fiel sie um – von mir weg.

Diese Bohle war aus der 4. Etage heruntergestürzt. Andere hatten das gesehen. Sie bemerkten erschrocken, dass ich genau in der Falllinie der Bohle stand. Sie schrieen, um mich zu warnen. Doch ich merkte nicht, dass ich gemeint war. Ich ahnte nichts von der Lebensgefahr.

Erst als alles vorüber war, fing ich plötzlich an zu zittern. Es war eine merkwürdige Mischung aus Dankbarkeit und nachträglicher Angst, die ich verspürte.

So geht es mir mit dem Gericht Gottes. Allerdings geht die tödliche Bedrohung durch Gottes Gericht nicht haarscharf an mir vorbei. Sie trifft Jesus, den gerechten Sohn Gottes, weil er genau meine Stelle eingenommen hat. Ich ahnte nicht, wie sehr mein Leben in Gefahr war. Ich nahm die Botschaft vom Gericht Gottes auf die leichte Schulter. Erst als ich sah, was das Gericht Gottes auf Golgatha angerichtet hat, erschrak ich. Erst im Anblick von Jesus habe ich kapiert, in welch tödlicher Gefahr ich mich befand. Aber ich begriff auch staunend, dass ich gerettet bin.

Ernst Elitz, Intendant des DeutschlandRadio, schrieb: „Vielleicht ist es genierlich, von Sodom und Gomorrha und Ninive zu sprechen, von Gottes Strafgericht. Vielleicht ist die Bußpredigt außer Mode gekommen, weil man sich nach dem Commonsense in der Mitte zu einigen hat, irgendwo zwischen Gut und Böse. Der vorweggenommene Kompromiss ist das Ende jeder Verkündigung." Hat er Recht damit, dass wir keine Position mehr beziehen wollen – vor allem in Glaubensfragen?

„Ich glaube an den Heiligen Geist"

Gott selbst sorgt für die Mitteilung

Wir leben im Kommunikationszeitalter. Kommunikation heißt Mitteilung. Nie zuvor hat es so fantastische technische Hilfsmittel gegeben, um Nachrichten schnell und in guter Qualität zu übermitteln. Briefe sind altmodisch. Handy, E-Mail, Internet oder Satellitenverbindungen prägen den

Informationsfluss. Es ist unglaublich, wie schnell man heute mit allen Teilen der Welt in Verbindung treten kann. Selbst die Menschen auf der anderen Seite der Erdkugel sind nur einen Mausklick entfernt.

Doch leider hat all dieser technische Fortschritt anscheinend nicht dazu geführt hat, dass wir unsere Beziehungen zu den Menschen in der nächsten Umgebung besser, d.h. harmonischer gestalten können. Es werden mehr Ehen geschieden als je zuvor. Dagegen helfen auch keine Handys. Zugleich aber haben wir eine riesengroße Sehnsucht danach, dass unsere Beziehungen gelingen. Wir spüren, dass die Isolation uns kaputt macht.

Ich habe schon davon geschrieben, dass Gott von Anfang an ein Gott der Beziehungen ist. Er hat uns als seine Partner geschaffen. Er ist selbst in der Person von Jesus in unsere Welt gekommen, um die zerstörten Beziehungen zu den Menschen und zwischen den Menschen wieder zu heilen.

Nachdem das geschehen ist, sorgt Gott auch noch selbst dafür, dass wir Menschen die Versöhnung und Heilung der kaputten Beziehungen verstehen und annehmen. Das ist das Werk des Heiligen Geistes. Gott, der Heilige Geist, sorgt selbst dafür, dass die Kommunikation gelingt. Wie macht er das?

Im Neuen Testament lesen wir den Bericht über die demonstrative Ausgießung des Heiligen Geistes auf die Schüler Jesu 50 Tage nach seiner Auferstehung (Apostelgeschichte 2). Sie sprechen in anderen Sprachen, heißt es da. Es war ganz einfach so, dass die Festbesucher in Jerusalem, die einen sehr unterschiedlichen kulturellen Hintergrund hatten und verschiedene Sprachen redeten, voll Erstaunen feststellen, dass sie alle gleichzeitig die Apostel in jeweils ihrer Muttersprache reden hören. Es passierte also mehr ein Hörwunder als ein Sprachenwunder. Jedenfalls zeigt sich in dieser Auftaktdemonstration der Heilige Geist als wunderbarer Übersetzer und Kommunikator. „Hören sie von den großen Taten Gottes in unserer Muttersprache reden", sagen die Zuhörer. Das war ein besonderes Startereignis. Wie aber handelt der Heilige Geist heute und bei uns allen?

Wir müssen uns immer klar machen, dass der Heilige Geist nicht nur eine Kraft, sondern Gott selbst ist. Gott liebt uns so sehr, dass er nicht nur Mensch wird und sich für uns Menschen opfert. Er ist sich auch nicht zu schade, in unseren Körper und Geist wie in eine Wohnung einzuziehen. Er will in uns wohnen und wirken.

Das Licht geht an

Weil Gott seinem Wesen nach Licht ist, wird es hell in uns, wenn der Heilige Geist bei uns einzieht. In diesem Licht sehen wir plötzlich all das Gerümpel, das vorher im Dunkel unsichtbar blieb. Darum ist die Wirkung des Heiligen Geistes für uns erschreckend. Wir begreifen plötzlich, wie es wirklich um uns steht. Wir erkennen unsere Sünde, die Gott hasst. Wir versuchen sie zu entschuldigen, zu beschönigen und zu verdrängen. Gott aber wird nie Frieden mit dem Bösen in unserem Leben machen. Gott ist heilig. Das zeigt uns der Heilige Geist.

Deshalb nennt Jesus den Heiligen Geist den „Geist der Wahrheit" (Johannes 14,17).

Der Heilige Geist deckt aber nicht nur die verborgenen Schattenseiten unseres Lebens auf, sondern er stellt auch

Jesus in das rechte Licht. Wie ein Scheinwerfer strahlt der Heilige Geist den gekreuzigten und auferstandenen Jesus an, sodass wir ihn sehen können. In diesem Licht begreifen wir: Jesus ist für mich gestorben und auferstanden. Das gilt mir. Das betrifft mich. Ich darf das annehmen und werde dadurch vom Gegner Gottes zum Kind Gottes.

Wahrheit kann mörderisch sein. Wenn die heimlichen Vergehen eines Menschen entlarvt werden, dann ist die Stunde der Abrechnung gekommen. Deshalb fürchten wir die Wahrheit und verstecken uns hinter Lügen.

Der „Geist der Wahrheit" zeigt uns die unbequeme Wahrheit über unser eigenes Leben, aber er zeigt uns diese Wahrheit zugleich im Licht des gekreuzigten Jesus. Wir sehen den Platz, wo wir unsere Sünde abladen und los werden können. Darum müssen wir nicht aus dem Licht fliehen.

Wenn das Licht angeht, ist das für jeden von uns eine kritische Situation. Jesus hat einmal gesagt: „Das ist das Gericht – im Griechischen steht hier das Wort *krisis*, das bedeutet Krise, Entscheidungssituation –, dass das Licht in die Welt gekommen ist, und die Menschen liebten die Finsternis mehr als das Licht, denn ihre Werke waren böse" (Johannes 3,19).

Wir reagieren auf das Licht wie die Kellerasseln. Die verkriechen sich in die dunklen Ritzen und Löcher, wenn das Licht angeht.

Doch Licht deckt nicht nur auf, es gibt auch Orientierung. Die Wirkung des Heiligen Geistes ist, dass wir den Willen Gottes erkennen. Das ist eine Wohltat, die eine gewisse Angst aus unserem Leben vertreibt. In der Dunkelheit können wir nicht erkennen, ob uns irgendjemand bedroht und woher die Gefahr kommt. Das macht Angst. Wenn das Licht angeht, weicht die Angst. Auch das ist eine Wirkung des Heiligen Geistes.

Gottes Kraft wirkt

Licht ist aber auch Energie. Wenn Gott in uns lebt, wirkt seine Kraft in uns. „Welche der Geist Gottes treibt, die sind Gottes Kinder", schreibt Paulus (Römer 8,14). Gott selbst wird in uns zum Motor, dass wir seinen Willen tun wollen und können. Jeder von uns weiß, wie groß die Kluft zwischen Wissen und Tun sein kann. Dass wir etwas wissen, heißt noch lange nicht, dass wir es tun wollen. Und wenn wir es tun wollen, heißt das noch nicht, dass wir es tun können. Deshalb ist die Welt trotz aller edlen Gedanken und Worte so grausam.

Gottes Geist schafft in uns das Wunder, dass wir den Willen Gottes erkennen, tun wollen und tun können.

Vor allem Liebe

Weil Gott Liebe ist, nennt die Bibel als Frucht der Anwesenheit des Heiligen Geistes in unserem Leben vor allem die Liebe (Galater 5,22). Die wächst nicht auf unserem eigenen Mist. Die Liebe aber hat unerhört viele Folgen. Zunächst entfaltet sie sich in Eigenschaften wie Freude, Friede, Geduld, Freundlichkeit, Güte, Treue, Sanftmut, Keuschheit. So beschreibt Paulus die Früchte des Heiligen Geistes im Gegensatz zu dem, was wir natürlicherweise ohne Gemeinschaft mit Gott produzieren. Auch das zählt Paulus ziemlich schonungslos auf. Er nennt das die „Werke des Fleisches": Unzucht, Unreinheit, Ausschweifung, Götzendienst, Zauberei, Feindschaft, Hader,

Eifersucht, Zorn, Zank, Zwietracht, Spaltungen, Neid, Saufen, Fressen und dergleichen (Galater 5,19-21). Und er fügt hinzu: „Die solches tun, werden das Reich Gottes nicht erben."

Aus der Liebe wächst ein Leben im Dienst für andere Menschen. Für diesen Dienst rüstet der Heilige Geist uns aus. Er beschenkt uns zusätzlich zu den natürlichen Begabungen, die uns durch den Schöpfer gegeben sind, mit Begabungen für besondere Dienste.

Paulus entfaltet in 1. Korinther 12-14, welche Geschenke der Heilige Geist uns macht. Charismen nennen wir das mit einem Fremdwort. Das sind Geschenke Gottes, die er uns aus Freundlichkeit und Zuneigung gibt.

Paulus gebraucht das wunderbare Bild vom Körper, in dem alle Organe und Körperteile verschiedene Aufgaben haben. Alle sind aufeinander angewiesen. Die Fähigkeiten der einzelnen Teile sind zum gemeinsamen Nutzen des ganzen Körpers da. Wenn alle Organe ihre Aufgaben erfüllen, ist der Körper nicht nur gesund, sondern er kann auch für andere eine hilfreiche Arbeit tun. Der Dienst nach außen setzt den gegenseitigen Dienst innerhalb des Körpers voraus.

Es ist erstaunlich, wie verschieden die Begabungen sind. Entsprechend werden die Aufgaben in kleine unterschiedliche Pakete aufgeteilt. Keiner ist überfordert. Jeder ist auf jeden angewiesen. Jeder wird gebraucht, aber jeder braucht auch die anderen. Ein fantastischer Organismus.

Alle Dienste sollen von der Hauptwirkung des Geistes Gottes, von der Liebe, bestimmt sein. Deshalb schreibt

Paulus das Hohe Lied der Liebe in 1. Korinther 13. Wenn die Liebe nicht wirkt, sind die Begabungen leer und nutzlos. Dann geraten die verschiedenen Begabungen miteinander in Rivalität und Streit. Dann wird der Reichtum, den Gott schenkt, zum Anlass für die Zerrissenheit und Zerstörung der Gemeinschaft. Das Gegenteil aber ist das Ziel. Die Begabungen sollen zur Förderung und zum Aufbau des Organismus dienen.

Zwei grundlegend wichtige Wirkungen des Heiligen Geistes muss ich unbedingt erwähnen:

Gewissheit ist möglich

Paulus schreibt: „Gottes Geist selbst gibt Zeugnis unserem Geist, dass wir Gottes Kinder sind“ (Römer 8,16).

Es gibt also Gewissheit, dass Gott uns als Kinder angenommen hat. Diese Gewissheit können wir uns nicht selbst geben. Wir können uns auch nicht gegenseitig davon überzeugen. Alles, was wir uns selbst sagen, muss zweifelhaft bleiben, weil wir selbst nie das Ganze überblicken und uns irren können. Deshalb können auch unsere festesten Überzeugungen keine Gewissheit geben.

Die Gewissheit muss von außen kommen und muss unerschütterlich begründet sein.

Die Begründung für die Gewissheit, dass ich als Kind Gottes angenommen bin, liegt in der Tatsache, dass Jesus am Kreuz für mich gestorben ist und dass Gott ihn zur Bestätigung an Ostern auferweckt hat. Das ist unabhängig von meinem Wollen, Denken und Fühlen in der Geschichte passiert. Niemand kann es ungeschehen machen.

Der Heilige Geist stellt sich jetzt neben mich und spricht mir die Gültigkeit der Vergebung der Sünden und die Annahme als Kind verbindlich zu. Er ist wie ein Notar, der mir die Vergebung und Annahme beglaubigt.

Über die Geburt und die Adoption eines Kindes gibt es amtliche Urkunden, die die Zugehörigkeit des Kindes zu den Eltern gültig verbürgen. Was auch immer an Schwierigkeiten kommen mag, dieses Grundverhältnis kann nicht aufgehoben werden.

Auch bei Gott muss niemand ohne diese Gewissheit leben und sterben! Gott selbst als der Heilige Geist wird der Notar unserer Zugehörigkeit zu Gott.

Eine weitere Grundwirkung des Heiligen Geistes muss ich noch erwähnen:

Sprechen lehren und lernen

In Römer 8,15 schreibt Paulus, dass der Heilige Geist nicht ein Geist der Knechtschaft ist und Furcht erzeugt, „… sondern ihr habt einen kindlichen Geist empfangen, durch den wir rufen: Abba, lieber Vater!“

Das ist ein starkes Stück. Haben Sie schon mal zu Gott „Papa“ gesagt? Jesus hat das getan. Wir lesen davon, wie er in der Nacht vor seinem Tod im Garten Getsemane Gott mit dem sehr persönlichen „Abba“ anredet: „Abba, mein Vater, alles ist dir möglich; nimm diesen Kelch von mir; doch nicht, was ich will, sondern was du willst!“ (Markus 14,36).

„Abba“ ist die Abwandlung des hebräischen Wortes „Ab“ (Vater). Genauso wie „Papa“ die kindliche Vertrauensform von „Vater“ ist.

Kann man so mit Gott reden? Ist das nicht anmaßend und plump vertraulich? So denken wir auf Grund unserer natürlichen Religiosität.

Jesus aber schafft durch sein Leben, Sterben und Auferstehen eine neue, einzigartige Vertrauensbeziehung zwischen uns und Gott. Wenn wir die Vergebung der Sünden annehmen, kommt der Heilige Geist in uns, schenkt uns die Gewissheit, dass wir zu Gott gehören und gibt uns den Antrieb, mit Gott so zu reden, wie kleine Kinder vertrauensvoll mit ihren Eltern reden.

Wir alle wissen, wie sehr sich Eltern über die ersten Laute und Sprechversuche ihrer Kinder freuen. Wenn schon wir als menschliche Eltern mit so viel Liebe auf das unfertige Reden unserer Kinder eingehen, wie viel mehr wird Gott, der wahre Vater des Menschen, in seiner Liebe auf uns achten!

Wir lernen durch den Heiligen Geist das Beten, das heißt: das Reden mit Gott. Wir lernen es so, wie kleine Kinder das Sprechen lernen. Sie brabbeln drauf los – voll Liebe und Vertrauen. Die Eltern baden sie in Worten der Liebe. Und wenn die Babys diese Worte hören und ihre eigenen Laute formulieren, lernen sie immer deutlicher zu sprechen. Das dauert seine Zeit, wie wir wissen.

Beten lernen wir also durch Hören auf Gottes Reden und dadurch, dass wir ihm antworten, so wie wir es können. Gott kann alles gebrauchen, um sich uns dadurch verständlich zu machen. Wir können nur menschliche Worte verstehen. Damit wir aber in der Vielfalt der Stimmen unterscheiden können, was von Gott kommt und was nicht, hat Gott uns sein Wort in der Bibel schriftlich gegeben.

Wir dürfen uns jeden Tag Zeit nehmen, um mit Gott zu reden. Wir bitten Gott, dass er zu uns durch sein Wort redet. Wir lesen einen kurzen Abschnitt der Bibel. Am besten mehrmals. Wir stellen Fragen an den Text: Wofür kann ich danken? Was habe ich über Gott und Jesus Neues erkannt? Was soll sich in meinem Leben ändern? Man kann sich Notizen machen, um später nachzuvollziehen, was aus den Erkenntnissen und Gebeten geworden ist. Ich streiche mir in meiner Bibel die Sätze an, die mir wichtig geworden sind.

Eins dürfen wir nicht vergessen: Unser Reden mit Gott soll ein Ausdruck unseres kindlichen Vertrauens sein. Der Heilige Geist kommt uns innerlich so nah, dass wir spüren, wie sehr sich Gott über unser Beten freut.

Wo und wie ist mir die Wirklichkeit und Wirkung des Heiligen Geistes bewusst und erfahrbar geworden?

„Ich glaube an… die heilige christliche Kirche"

Der lebenswichtige Zusammenhang

Dieser Halbsatz überrascht. Wieso soll ich an die Kirche glauben? Auf welche Bedeutungsebene wird sie hier gesetzt? Wie wichtig wird sie? Wieso kann sie in der gleichen Weise Gegenstand des Glaubens, des Vertrauens sein, wie Gott, der Vater, Jesus, der Gekreuzigte und Auferstandene, und der Heilige Geist?

Tatsächlich ist die Zusammengehörigkeit der Menschen, die an Jesus Christus glauben, ein besonderes Geheimnis. Sie sind durch Jesus mit Gott, dem Vater, verbunden. Sie haben durch den Heiligen Geist die Gewissheit, dass sie Gottes Kinder sind.

Obwohl jeder Einzelne eine besondere Beziehung zu Jesus hat, besteht diese Verbindung doch nicht isoliert. „Gott hat keine Einzelkinder." Das ist ein geflügeltes Wort. Jeder, der durch Jesus zu Gott, dem Vater, gehört, ist also Glied der Familie Gottes.

Familienzugehörigkeit wählt man nicht. Man wird in eine Familie hineingeboren. Das mag einem gefallen oder nicht. Genauso gehören wir zur Familie Gottes, wenn wir nach dem Wort Jesu durch Vergebung der Sünden und den Heiligen Geist neu geboren worden sind.

Das Neue Testament gebraucht noch eine stärkere Aussage als „Familie", um die Zusammengehörigkeit der Christen mit Jesus und untereinander zu beschreiben. Paulus redet vom Leib des Jesus Christus (1. Korinther 12).

Das Bild sagt deutlich, dass Jesus Christus der ganze Körper ist. Zugleich wird mitgeteilt, dass Jesus der Kopf der Sache ist und wir die Glieder. Die Körperteile brauchen die Verbindung zum Kopf, aber sie brauchen auch die Verbindung miteinander. Es gibt nicht die exklusive Beziehung eines Körperteils mit dem Kopf ohne Verbindung mit den anderen Körperteilen.

Diese Gemeinschaft der Glieder im Leib ist lebensnotwendig. Wenn ein Glied vom Körper abgetrennt wird, stirbt es, und der gesunde Körper leidet.

Doch in der Praxis ist einer christlichen Gemeinde heutzutage meist nicht anzusehen, dass der Zusammenhang der

Menschen diese tiefe und lebensnotwendige Bedeutung hat. Von außen betrachtet kann man sie mit jedem beliebigen Verein verwechseln, in dem sich Menschen wegen ihrer gemeinsamen Interessen zusammenschließen und mehr oder weniger verbindlich miteinander leben.

Tatsächlich wecken die christlichen Gemeinden heute vielfach den Eindruck, der auf weniger Verbindlichkeit als bei anderen Gemeinschaften schließen lässt. Ja, es gibt jede Menge Mitgliedschaften, die nur auf dem Papier bestehen, aber überhaupt nicht praktisch gelebt werden. Das geht aber gar nicht. Denn Kirche im Sinne des Neuen Testaments ist die Gemeinschaft des dreieinigen Gottes mit all den Menschen, die Vergebung der Sünden empfangen haben und Jesus als Herrn bekennen.

Sie umfasst alle Menschen in der ganzen Welt, die Jesus als Herrn bekennen. Deshalb heißt es im griechischen Text des apostolischen Glaubensbekenntnisses auch nicht „christliche", sondern „katholische Kirche". Doch „katholisch" ist hier keine Konfessionsbezeichnung stellvertretend für die römisch-katholische Kirche. Die Unterscheidungen zwischen römisch-katholisch, griechisch-orthodox, russisch-orthodox, evangelisch, lutherisch, reformiert oder uniert, baptistisch, methodistisch, frei-evangelisch usw. gab es zu der Zeit, als das Glaubensbekenntnis formuliert wurde, noch gar nicht. Katholisch bedeutet übersetzt einfach „über die ganze Erde", also weltweit. Die *eine* Kirche, die zu Jesus Christus gehört, existiert als der eine weltweite Leib des Christus. Sie ist die eine weltweite Familie Gottes, zu der alle gehören, die Jesus Christus als Herrn bekennen.

Zu deren innerer Vielfalt und Unterschiedlichkeit werden wir noch kommen. Grundlegend wichtig aber ist zunächst die Zusammengehörigkeit durch den dreieinigen Gott Vater, Sohn und Heiliger Geist.

Darum wird sie die „heilige Kirche“ genannt. Heilig bedeutet nicht fehlerlos. Heilig bedeutet: ganz zu Gott gehörig, völlig von ihm abhängig. Deshalb kann es zur Zeit des Alten Testaments heilige Geräte im Tempel von Jerusalem geben. Sie sind heilig, weil sie allein für den von Gott angeordneten Gottesdienst gebraucht werden dürfen.

Im Neuen Testament werden darum alle Christen als Heilige bezeichnet, nicht nur besondere Ausnahmen. Auch die Christen in der Gemeinde von Korinth redet Paulus als Heilige an, obwohl sie sich moralisch gesehen schlimme Dinge geleistet haben. Paulus ist mit der Gemeinde gar nicht zufrieden und kritisiert sie hart. Das ändert nichts daran, dass sie durch die Vergebung der Sünden ganz zu Gott gehören, also heilig sind. Diese Tatsache soll natürlich Folgen für die Lebensweise haben. Wer zu Gott gehört, soll sich auch so benehmen, dass er der Heiligkeit Gottes entspricht. Diesen Prozess nennt die Bibel „Heiligung“. Weil wir heilig sind, also zu Gott gehören, sollen wir auch heilig leben – dem Willen Gottes entsprechend.

Die Kirche, die zu Jesus Christus gehört, ist heilig, eben weil sie zu Jesus gehört.

Nach all dem brennt einem natürlich die Frage auf den Nägeln, wie sich diese starken Aussagen über die Kirche zu der Kirche bzw. den Kirchen verhalten, die wir vor Augen sehen und erleben. Hat das überhaupt etwas miteinander zu tun?

Ich werde darauf eingehen. Aber vorher muss ich noch die weitere Aussage des Glaubensbekenntnisses hinzuziehen.

Heilig leben – also dem Willen Gottes entsprechend –, wie kann ich das praktisch leben?

Wenn Jesus die Mitte ist, können christliche Gemeinden verschiedene Gestalten und verschiedene Ausdrucksformen des Glaubens leben. Nach welchen Gesichtspunkten will ich über meine verbindliche Zugehörigkeit zu eine christlichen Gemeinde entscheiden?

„Ich glaube an… die Gemeinschaft der Heiligen“

Wie sieht das praktisch aus?

Ist das nur eine Wiederholung mit anderen Worten? In gewisser Weise ja. Aber in diesen Worten wird die Kirche unter einem etwas anderen Blickwinkel betrachtet. „Die heilige christliche Kirche“ ist eine von Gott geschenkte Wirklichkeit. Der dreieinige Gott hat sie geschaffen. Durch ihn allein besteht sie. Sie ist eben die wunderbare und geheimnisvolle Gemeinschaft des Vaters, des Sohnes und des Heiligen Geistes mit den Menschen, die durch Vergebung der Sünden Kinder Gottes geworden sind.

Die Kirche wird aber auch für menschliche Augen sichtbar als „Gemeinschaft“ gelebt, und zwar als „Gemeinschaft der Heiligen“. Vorhin habe ich schon erklärt, was Heilige sind. Keine moralischen Supermenschen, sondern alle, die zu Jesus gehören und dadurch Kinder Gottes sind.

Es ist schwer für uns heute, den Ausdruck „heilig“ wieder in der schönen, klaren Bedeutung zu verstehen und zu gebrauchen, wie er in der Bibel gemeint ist. Zu lange wurde der Ausdruck mit angeblich fast sündlosen Superchristen verbunden. Im Glaubensbekenntnis sind alle Christen als Heilige gemeint. Entweder ich nehme die Vergebung an, gehöre zu Jesus und damit zu Gott, meinem Vater, dann bin ich heilig. Oder ich nehme die Vergebung meiner Sünden nicht an und lehne Jesus ab. Dann bin ich gottlos im wörtlichen Sinne. Ich bin von Gott getrennt, weil nur Jesus mich mit Gott verbinden kann und will.

Wenn ich zu Jesus gehöre, brauche ich lebensnotwendig die Gemeinschaft mit anderen, die auch Jesus folgen. Ich brauche sie, wie die Körperteile in einem Leib sich gegenseitig brauchen, um leben und funktionieren zu können.

Die Gemeinschaft der Christen kann also nicht nur auf dem Papier bestehen. Sie muss gelebt werden. Sie äußert sich sehr praktisch im alltäglichen und sonntäglichen Leben. Zum Beispiel so:

Ich brauche die anderen, die für mich beten und mit mir beten. Ich lese mit anderen zusammen die Bibel. Ich höre auf die Auslegung der Bibel in der öffentlichen Verkündigung des Wortes Gottes. Ich brauche Ermutigung und Ermahnung, und ich kann sie anderen geben.

Die praktizierte Barmherzigkeit und Liebe äußert sich in vielen alltäglichen Formen – spontan und organisiert. Wir feiern und trauern miteinander. Wir werden aneinander schuldig, wir brauchen Versöhnung untereinander. Wir arbeiten gemeinsam für Gott und die Menschen. Jeder ist begabt und bringt seine Gaben ein. Jeder braucht Ergänzung und ist deshalb auf andere angewiesen.

Wir treffen uns in großen Versammlungen der Gemeinde Gottes am Ort und regional, um Gottesdienste zu feiern oder gemeinsame Dienste zu beraten, zu planen und zu tun. Wir treffen uns in kleinen Gruppen zum persönlichen Austausch und zur gegenseitigen Lebenshilfe.

Wir glauben daran, dass die sichtbare Gemeinschaft der Christen an einem Ort Teil des einen Leibes von Jesus Christus weltweit ist. Er ist das Haupt. Er steuert seinen Organismus. Wir dürfen lebendige Glieder dieses Organismus sein.

Heute ist der Slogan beliebt „Gott ja, Kirche nein". Das mag dem postmodernen Modetrend entsprechen, dass Religion ein höchst privates Gefühl oder Gedankengebäude ist und keine Gemeinschaft und erst recht schon keine Öffentlichkeit braucht. Aber die Beziehung zu dem lebendigen Gott, der sich in Jesus Christus offenbart hat, gibt es nicht ohne Gemeinschaft mit den anderen Christen.

Kirche kritisch gesehen

Nun endlich will ich mich mit den kritischen Fragen beschäftigen, die meine bisherige Darstellung sicher ausgelöst hat. Ist das nicht eine idealisierte Darstellung von Kirche? In Wirklichkeit sind die Kirchen zerstritten. Warum überhaupt die vielen verschiedenen Kirchen? Und wird in den Gemeinden tatsächlich eine hilfreiche Gemeinschaft gelebt? Ist jeder, der in einer Kirche Mitglied ist, auch Christ? Gibt es nicht Mitglieder, die nie in einen Gottesdienst gehen und auch nicht viel vom Inhalt des christlichen Glaubens halten, wie er im Glaubensbekenntnis zusammengefasst ist?

Nun stehen wir heute nicht am Anfang der Geschichte. Die Kirche und die Kirchen, die überregionalen Organisationen und die örtlichen Gemeinden der verschiedenen Konfessionen haben sich im Laufe der Jahrhunderte entwickelt. Man kann schon fragen: Ist überall christliche Kirche drin, wo christliche Kirche drauf steht?

Wer beurteilt das? Kommt nicht der Streit daher, dass einer dem andern das Christ sein und Kirche sein abspricht?

Wenn Jesus Christus das Haupt seiner Kirche ist, dann kann nur er beurteilen, wer wirklich dazu gehört und wer nicht. Er ist der Richter, nicht wir.

Jesus hat in einem Gleichnis gesagt, dass erst Gott bei der Ernte – beim Gericht am Ende der Geschichte – das Unkraut vom Weizen trennen wird (Matthäus 13,24-30). Wir können das nicht entscheiden. Das entlastet uns.

Nun ein paar Gesichtspunkte, wie die Gemeinschaft der Christen lebt und wo die Schwierigkeiten liegen:

Wir bekennen zwar, dass Gott die eine heilige christliche Kirche geschaffen hat, aber wir leben natürlich nicht direkt in der weltweiten Gemeinschaft. Wir leben an einem bestimmten Ort. Wir treffen uns mit einigen Christen.

Diese Christen müssen ihr Zusammenleben organisieren. Sie müssen einfach festlegen, wann, wo und wie sie sich treffen. Sie müssen über die Gestaltung ihres Lebens einzeln oder gemeinsam Entscheidungen treffen. Sie werden sich also verabreden, wie sie miteinander verfahren wollen. Sie wählen einen Weg, wie sie sich bei Meinungsverschiedenheiten einigen.

Sie werden versuchen, sich bei all diesen Entscheidungen am Wort Gottes zu orientieren. Aber es spielen persönliche, soziale und kulturelle Besonderheiten in diesen Prozess hinein. Schon daraus ergeben sich verschiedene Formen des Gemeinschaftslebens, ohne dass es zu grundsätzlichen Auseinandersetzungen kommen muss.

Auch die Christen haben an der Begrenztheit und Unvollkommenheit des menschlichen Lebens Anteil. Also können sie sich trotz bester Absicht irren. Das kann zu schweren Meinungsunterschieden in wichtigen Fragen der biblischen Lehre führen.

Die Christen können nicht nur irren, sie sündigen auch. Die Gemeinschaft wird durch die Sünde ihrer Glieder blockiert und entstellt. Viele Fehlentwicklungen in der Geschichte der Kirche sind offensichtlich.

Die Kirche ist deshalb eine Gemeinschaft, die immer wieder reformiert werden muss. Der Maßstab ist die Bibel. Aber auch darüber gibt es leider unter den Kirchen verschiedene Ansichten. Einige Kirchen sehen ihre gewachsenen Traditionen als gleich wichtig und maßgebend an wie die Bibel. Das schafft schwer überwindbare Unterschiede.

Weil aber all unser Wissen immer Stückwerk, also nur Teilwissen ist, müssen wir mit unseren Beurteilungen vorsichtig sein.

Wenn Jesus Christus, die Mitte und das Haupt, uns vorrangig wichtig ist, dann können wir Unterschiede in den zweitwichtigsten Fragen aushalten, auch wenn dadurch Spannungen erzeugt werden. An Jesus Christus scheiden sich die Geister. Und das muss so sein.

Die Formen des Gemeindelebens, die Organisation der Kirchen auf den verschiedenen Ebenen wird immer verschieden sein. Dabei spielen viel mehr soziale und kulturelle Fragen mit, als wir oft einsehen und zugeben. Die Vielfalt der Formen ist sogar hilfreich, weil die Menschen so unterschiedlich sind. Die einen lieben Gottesdienste in spontaner und temperamentvoller Form, die anderen möchten es eher ruhig und liturgisch geordnet. Beides darf getrost nebeneinander stehen, ohne dass man sich gegenseitig verurteilen muss.

Wer sich über das Menschliche und Allzumenschliche in der Gemeinde beschwert, sollte sich klar darüber sein, dass es noch typischer allzumenschlich zugehen wird, wenn er selbst Glied dieser Gemeinde wird.

Wir lesen in der Apostelgeschichte, dass es auch in der ersten Gemeinde in Jerusalem, die eine sehr intensive und überzeugende Gemeinschaft lebte, sehr menschliche Verhaltensweisen gab, die zu Schmerzen und Störungen führten. Da wurden die Witwen bestimmter ethnischer Gruppen bei der Versorgung mit Essen benachteiligt – mehr oder weniger unbeabsichtigt, wie das mit den Rücksichtslosigkeiten eben so ist.

In den ersten Gemeinden und auch zwischen den führenden Leuten gab es kräftige Auseinandersetzungen, die nicht alle einmütig gelöst werden konnten. Man musste lernen, in den zweitrangigen Fragen unterschiedliche Anschauungen auszuhalten. Vor allem müssen die Christen bis heute lernen, die erstrangigen und die zweitrangigen Fragen zu unterscheiden.

Ich erinnere mich gern an den Pastor einer Gemeinde in Berlin, in dessen Gemeinde ich vor der Wende im Osten Berlins Vorträge hielt, ohne dass wir dafür eine staatliche Erlaubnis hatten. Wenn wir zusammen beteten, hörte ich ihn immer wieder sagen: „Herr, ich danke dir für die Schönheit deiner Gemeinde."

Das hat mich damals sehr bewegt. In jüngeren Jahren war ich oft mehr von Kritik als von Freude an der Kirche bestimmt. Dieser Mann kannte die Schwäche der Kirchen und Gemeinden sehr wohl. Aber er ließ sich dadurch den Blick nicht für das Wunder verstellen, dass Gott sein Volk sammelt und seine Gemeinde baut. Es sah die Schönheit der einen, heiligen, christlichen Kirche, der Gemeinschaft der Heiligen. Er glaubte sie auch gegen manchen Augenschein und dankte Gott für diese Schönheit.

Viele Formen, viele Dienste

Nach allem, was ich bisher geschrieben habe, ist klar, dass die Formen der gelebten Gemeinschaft sehr verschieden sein können und dürfen. Einige Grundelemente sind allerdings wichtig. Wir brauchen in den Gemeinden die Kleingruppen, in denen wir uns persönlich kennen und auf unserem Weg mit Jesus begleiten.

Wir brauchen zugleich die größere Gemeinschaft in den Gottesdiensten. Dort loben wir Gott gemeinsam. Dort ist auch der Ort für eine tiefer in die Bibel führende Verkündigung, durch die die Christen Wegweisung, Ermutigung und Korrektur erfahren.

Auch hier gilt: Die Formen dürfen und müssen verschieden sein. Heute gibt es auch innerhalb einer Gesellschaft verschiedene Kulturen. Sie spiegeln sich zum Beispiel in den Musikstilen wider, die man liebt oder ablehnt.

Wichtig ist, dass jeder seinen Dienst den Begabungen entsprechend findet. Ohne Bestätigung zur Ergänzung der anderen kann kein Körperteil wachsen und gesund bleiben. Die Dienste umfassen alle Lebensbereiche. Und es ist die besondere Verantwortung der mit der Leitung Beauftragten, dass jedes Glied der Gemeinde seinen Einsatzplatz findet. Niemand soll überfordert, aber auch nicht unterfordert werden.

In einer Zeit, in der sich viele junge und alte Menschen nutzlos vorkommen und scheinbar nicht gebraucht werden, ist es ein riesengroßes Geschenk, dass Gott jede und jeden als Mitarbeiterin und Mitarbeiter einsetzen möchte. Gott könnte doch sicher besser ohne uns seine Ziele erreichen. Wir gefährden durch unsere Beteiligung die Qualität seines Werkes in dieser Welt. Aber er will nicht ohne uns!

?

Wie stelle ich mir die christliche Gemeinde vor?

Wie sollte eine Gemeinde für meine Bekannten und Nachbarn aussehen?

Wo und wie will ich mich in der Gemeinde engagieren?

„Ich glaube an… die Vergebung der Sünden“

Das kann nur Gott selbst

Warum wird die Vergebung der Sünden eigentlich gleich hinter der Kirche und der Gemeinschaft der Heiligen erwähnt? Vielleicht deshalb, weil wir im Zusammenleben in der Gemeinde am schmerzhaftesten erfahren, dass wir aneinander schuldig werden und wie dringend wir Vergebung der Sünden brauchen.

Natürlich ist die Vergebung der Sünden eine Frucht des Leidens und Sterbens Jesu. Wir haben schon davon gesprochen, dass der auferstandene Jesus jetzt zur Rechten Gottes ist und aktuell für uns eintritt. Wir haben auch von der Wirkung des Heiligen Geistes gesprochen, der uns die Vergebung der Sünden gewiss macht.

Weil die Vergebung der Sünden die zentrale große Tat Gottes für uns und an uns ist, wird sie zum Schluss des Glaubensbekenntnisses ausdrücklich genannt. Ein größeres Wunder gibt es nicht. Die Trennung des Menschen von Gott durch die Sünde ist der Tod. Der Reformator der Kirche, Martin Luther, hat gesagt, dass Vergebung der Sünden Leben und Seligkeit ist.

Vergebung ist das Werk des Vaters und des Sohnes und des Heiligen Geistes. Nur Gott selbst kann Sünden vergeben. Das ist uns meist nicht allzu gegenwärtig. Wir haben ein verniedlichendes Verständnis von Sünde. Wir reden von sündigen, wenn jemand ein Stück Sahnetorte zu viel isst. Verkehrssünder in Deutschland stehen mit ihren Strafpunkten in der entsprechenden Kartei in Flensburg. Das ist eine blödsinnige Verharmlosung des Ausdrucks Sünde.

Sünde ist viel schlimmer als moralische Flecken auf der weißen Weste. Sie bedeutet tödliche Trennung von Gott, Misstrauen gegen Gott, Verweigerung des Respektes und des Gehorsams gegenüber Gott, Beleidigung der Liebe und der Ehre Gottes, Rebellion gegen Gott, den Schöpfer und Freund des Lebens.

Und weil Sünde eine so persönliche Angelegenheit zwischen Gott und jedem Menschen ist, kann auch nur Gott die Trennung überwinden. Er selbst, der Weltrichter, tritt in Jesus an die Stelle des Verurteilten und erleidet den Vollzug des Gerichtes stellvertretend.

Vier Freunde brachten in der Stadt Kapernaum einen Gelähmten zu Jesus. Weil die vielen Zuhörer im Haus und vor dem Eingang den Weg versperrten, stiegen die Männer aufs Haus, öffneten das Dach und ließen ihren kranken Freund auf einer Matte in den Raum hinunter. Sie wollten natürlich, dass Jesus die Lähmung heilte.

Jesus sagte zu dem Kranken aber: „Dir sind deine Sünden vergeben.“ Das kommt uns wie ein billiges, enttäuschendes Ausweichen in religiöse Themen vor. Einige jüdische Theologen standen dabei und waren aus einem ganz anderen Grund entsetzt. Sie werfen Jesus Gotteslästerung vor. Sie wissen aus der Bibel: Nur Gott kann Sünden vergeben. Was bildet dieser Jesus sich eigentlich ein?

Jesus reagiert darauf: „Was für Gedanken habt ihr im

Herzen? Ist es leichter, zu dem Gelähmten zu sagen: Deine Sünden sind dir vergeben!, oder zu sagen: Steh auf, nimm deine Tragbahre und geh umher? Ihr sollt aber erkennen, dass der Menschensohn Vollmacht hat, hier auf der Erde Sünden zu vergeben. Und er sagt zu dem Gelähmten: Ich sage dir: Steh auf! Nimm deine Tragbahre und geh nach Hause! Der Mann stand sofort auf, nahm seine Tragbahre und ging vor aller Augen weg" (Markus 2,8-12).

Jesus ist der „Menschensohn", das heißt: der Weltrichter. Er hat die Vollmacht, das Trennende und Tödliche zwischen Gott und Mensch zu vergeben. Warum? Weil er es selbst getragen hat. Das ist das zentrale Geheimnis.

Niemand kann mir mein Leben abnehmen. Ich kann meine Vergangenheit nicht ändern. Niemand sonst kann es. Niemand kann wirklich in mein Leben hinein. So gern wir das auch möchten. Sehr gerne möchten Eltern ihren Kindern, wenn sie schwer krank sind, ihre Schmerzen abnehmen. Aber wir können nicht in das Leben des anderen hinein. Wir können auch dem geliebtesten Menschen seinen Tod nicht abnehmen. Das ist die Grenze unserer Liebe.

Gott allein kann diese Grenze überwinden. Gott wird Mensch und kommt in unsere Welt. Er übernimmt unser Leben. Er lebt es zu Ende, bis zum bitteren Ende. Er wird an unserer Stelle von Gott zur Sünde gemacht. So drastisch drückt die Bibel das aus (2. Korinther 5,21). Und Gott behandelt ihn, wie die Sünde es verdient. Er tötet die Sünde stellvertretend in Jesus. Darum kann Jesus allein unser Retter sein. Er allein trägt unsere Sünde. Er tut es für uns.

Alles, was im Glaubensbekenntnis vorher aufgezählt wurde, läuft auf diese große Rettungstat Gottes zu. Weil ich dem Vater, dem Sohn und dem Heiligen Geist vertraue, darum vertraue ich auch darauf, dass ich Vergebung der Sünden geschenkt bekomme.

Wie kann ich mein Gewissen schärfen und Sünde nach den Maßstäben Gottes in meinem Leben erkennen?

Wie habe ich die Vergebung der Sünden erfahren und welche Konsequenzen hat diese Erfahrung für die Gestaltung meines Lebens?

„Ich glaube an... die Auferstehung der Toten"

Die Zukunft ist garantiert

Die Auferstehung aller Toten am Ende der Geschichte ist der zweite Akt der Auferstehung, die mit Jesus am Ostermorgen begonnen hat. Die Geschichte ist nicht mehr aufzuhalten. Der erste Akt ist schon vorbei. Die Zukunft ist garantiert.

Es gab früh in der Christenheit Leute, die diese Aussagen in einem übertragenen, vergeistigten Sinn deuten wollten. In Korinth zum Beispiel haben wohl einige behauptet, die Auferstehung sei schon irgendwie geschehen.

Jedenfalls können wir so etwas aus den Aussagen des Paulus erschließen, der sich energisch gegen diese Meinung wendet.

Ich zitiere noch einmal die entscheidenden Aussagen des Paulus, die ich schon früher erwähnt habe. „Wenn es keine Auferstehung der Toten gibt, dann ist auch Christus nicht auferweckt worden... Denn wenn Tote nicht auferweckt werden, ist auch Christus nicht auferweckt worden. Wenn aber Christus nicht auferweckt worden ist, dann ist euer Glaube nutzlos und ihr seid immer noch in euren Sünden; und auch die in Christus Entschlafenen sind dann verloren. Wenn wir unsere Hoffnung nur in diesem Leben auf Christus gesetzt haben, sind wir erbärmlicher dran als alle anderen Menschen. Nun aber ist Christus von den Toten auferweckt worden als der Erste von den Entschlafenen" (1. Korinther 15,13.16-20).

Das ist eine radikale Schlussfolgerung. Sie ist weit von dem nebulösen, religiösen Gesäusel entfernt, mit dem den Menschen gelegentlich weisgemacht wird, es käme auf Tatsachen nicht an. Alles sei im übertragenen, tieferen Sinne zu verstehen. Nein, im Gegenteil. Es kommt darauf an, dass Gott den gekreuzigten Jesus wirklich auferweckt und damit den endgültigen Durchbruch durch die Todesmauer für uns geschafft hat. Darum ist die Auferweckung der Toten am Ende der Zeit gewiss.

Damit ist aber auch das Gericht Gottes über alle Menschen gewiss und die Erschaffung der neuen Welt, in der Gerechtigkeit wohnt, kein Leiden und Sterben mehr Raum hat und Gott alles in allem ist. Mit der Auferweckung von Jesus ist seine Ankündigung bestätigt: „Ich bin die Auferstehung und das Leben; wer an mich glaubt, der wird leben, auch wenn er stirbt. Und jeder, der lebt und an mich glaubt, wird auf ewig nicht sterben“ (Johannes 11,25-26).

Was ist mit uns, wenn wir gestorben sind? In welchem Zustand befinden wir uns bis zur Auferweckung der Toten am Ende der Geschichte? Darüber ist viel spekuliert worden. Im nächsten Abschnitt werden wir mehr Klarheit in diesem Punkt gewinnen.

Was wäre wenn – die Toten nicht auferweckt würden? Martin Luther sagte: „Bei uns Christen ist aller Tage Ostern.“

Hat Jesu Auferstehung von den Toten Konsequenzen für mein Leben? Wie wirkt sich das im Alltag aus?

„Ich glaube an... das ewige Leben“

Auf die Lebensqualität kommt es an

Die meisten Menschen verstehen unter dem ewigen Leben das Leben nach dem Tod, das kein Ende mehr nimmt. Das ist nicht falsch. Aber es ist nur ein schwacher Teil des biblischen Verständnisses des ewigen Lebens.

Wenn wir unter dem ewigen Leben nur ein Leben verstehen, das immer weiter geht und nie aufhört, könnte man daran zweifeln, ob das wirklich eine gute Aussicht ist. Ich habe das Gefühl, dass selbst die schönsten Dinge langweilig und belastend werden, wenn sie immer weiter gehen.

Außerdem hat Jesus gesagt, dass jeder, der sein Wort hört und an den Vater glaubt, das ewige Leben hat. Er ist damit vom Tod zum Leben gekommen. So lesen wir es in Johannes 5,24. Und in seinem ersten Brief schreibt Johannes: „Wer den Sohn hat, der hat das Leben; wer den Sohn Gottes nicht hat, der hat das Leben nicht" (1. Johannes 5,12).

Das ewige Leben beginnt also in dem Augenblick, wo ein Mensch sich Jesus anvertraut, durch die Vergebung der Sünden mit Jesus in Gemeinschaft lebt.

„Ewig" ist nicht vor allem ein zeitlicher Begriff. Den Zeitverlauf wird es in Gottes neuer Welt nicht mehr geben. Sie kennt keine Vergänglichkeit. Das können wir uns nicht vorstellen. Aber es hilft uns, dass wir den Ausdruck „ewig" mehr als einen Qualitätsbegriff verstehen.

Ewiges Leben ist „Leben made in heaven". Es hat die Qualität des Schöpfers: schöpferische Vielfalt, Licht und Energie, die Geborgenheit in der Vaterfürsorge Gottes, die Wertschätzung durch die Zuwendung Gottes. Schon jetzt haben wir durch die Wegweisungen Gottes einen roten Faden im Wirrwarr einer Welt, die sich von Gott abwendet. Zum ewigen Leben gehört auch die Gemeinschaft der Kinder Gottes, die Gott ehrt, füreinander sorgt und mit opferbereiter Liebe den Menschen dient. Ewiges Leben ist Spannung und Überraschung, ist sprudelnde Freude und teilnehmende Liebe.

Weil dieses Leben eine so hervorragende Qualität hat, kann es auch der Tod nicht zerstören. Nichts kann mich trennen von der Liebe Gottes, die in Jesus Christus ist. Wir haben dieses herausfordernde Bekenntnis des Paulus schon kennen gelernt. Er sagt ausdrücklich: Weder Tod noch Leben kann uns von Jesus trennen.

Es gibt ewiges Leben jenseits der Todesgrenze. Und es wird eine Herrlichkeit haben, die alle Erwartungen übersteigt. Paulus schreibt aus dem Gefängnis: „Christus ist mein Leben, und Sterben ist mein Gewinn“ (Philipper 1,21).

Ich bin in meinem Leben sehr stark durch den Essener Jugendpfarrer Wilhelm Busch geprägt worden. Er ist mir in vieler Hinsicht für mein Leben und meine Arbeit ein Vorbild gewesen. In seiner Todesanzeige im Jahre 1966 stand das Wort: „In Jesus hab' ich hier das beste Leben und sterb' ich, wird er mir ein bessres geben.“

Eigentlich kann man ja „das Beste“ nicht steigern. Aber in diesem Fall muss man es tun. Die Qualität des Lebens in der Gemeinschaft mit Jesus ist jetzt so gut, dass ich mit nichts anderem tauschen möchte. Es ist konkurrenzlos gut. Ich bedarf keiner Vertröstungen, weil es jetzt nichts gibt. Aber ich freue mich doch auf die neue Welt Gottes und die Gemeinschaft mit ihm, die nicht durch Versagen, Zweifel, Tränen und Schmerzen beeinträchtigt wird.

Und zwischendurch?

Was ist denn nun mit mir nach meinem Tode bis zur Auferstehung am Ende der Zeit? Gibt es da einen Zwischenzustand, in dem ich gar nicht lebe?

Wir müssen zwei Aussagen, die sich nach unserer Logik gegenseitig auszuschließen scheinen, miteinander verbinden. Einerseits wird Jesus die Gemeinschaft mit uns nicht unterbrechen lassen – auch nicht durch den Tod. Andererseits gibt es am Ende der Geschichte eine Auferstehung der Toten und eine Verwandlung der zu diesem Zeitpunkt in der Welt Lebenden in die Auferstehungswirklichkeit Gottes. Paulus erklärt das in dem großen Auferstehungskapitel im 1. Korintherbrief, Kapitel 15.

Der scheinbare Widerspruch kommt daher, dass wir jetzt immer die Linie des Zeitverlaufs denken müssen. Dieses Werden und Vergehen gibt es aber in Gottes Wirklichkeit nicht. Es ist zu jedem Zeitpunkt der Geschichte gleich gegenwärtig. Und wenn wir die Wirklichkeit von Raum und Zeit mit dem Tode verlassen, sind wir von der Wirklichkeit des Auferstandenen bestimmt.

Aber kann Paulus einerseits sagen: „Ich habe Lust abzuscheiden und mit Christus zu sein" (Philipper 1,23) und andererseits von der Auferweckung der Toten am Ende der Zeit sprechen und von der Verwandlung der bei der Wiederkunft von Jesus in der Welt Lebenden? Es gibt dann auch, schreibt Paulus, eine Verwandlung der ganzen Schöpfung, die heute unter der Vergänglichkeit leidet, in die unvergängliche Schöpferwirklichkeit Gottes (1. Korinther 15).

Wir müssen beide Aussagen nicht krampfhaft logisch vereinbaren. Aber wir dürfen uns mit Gewissheit auf beides freuen. Die logische Vereinbarkeit fällt uns deshalb so schwer, weil wir immer nur in der Zeitschiene denken können. Was ist jetzt? Was war davor? Was kommt danach? Bis wann geht das? Wie lange dauert das? Was geschieht in dieser Zeit? Aber für Gott gibt es die Zeitschiene der Vergänglichkeit nicht.

Wir dürfen also ganz gewiss damit rechnen, dass die Gemeinschaft mit Jesus durch den Tod nicht unterbrochen wird. Im Gegenteil, sie wird enger und ohne Störung durch unsere Sünde. Und wir werden nicht nur als Einzelne in einer Gemeinschaft mit Jesus leben, sondern wir werden sehen, wie die ganze Schöpfung so verwandelt wird, dass Gottes Willen ohne jede Einschränkung verwirklicht wird.

Lebendige Hoffnung

Die Bibel redet von einer „lebendigen Hoffnung", zu der wir durch die Auferstehung des Jesus Christus wieder geboren worden sind, wenn wir Jesus folgen. „Lebendig", weil Jesus lebt. Wir leben in einer ungleichen Partnerschaft mit ihm. Wir sind zerbrechlich, vergänglich und für das Böse anfällig. Jesus ist dem Tod ein für alle Mal überlegen und ist die Liebe und Gerechtigkeit in Person.

Wir warten in dieser Partnerschaft nicht untätig auf irgendein Jenseits. Wir erleben jetzt den Antrieb der Hoffnungskraft. Sie treibt uns, schon jetzt an der neuen Welt Gottes Maß zu nehmen. Frieden und Gerechtigkeit ziehen uns magnetisch an. Wir beten schon jetzt: „Dein Wille geschehe wie im Himmel so auf Erden."

Das ist ein hoffnungsvolles Kampfgebet, das uns vorwärts treibt in Richtung auf Gottes neue Welt.

Wir feiern die Auferstehung schon an den Gräbern. Jede Beerdigung eines Christen gerät bei aller Trauer über das irdische Abschiednehmen zu einer Protestdemonstration gegen den Tod und zu einer Siegesfeier.

Das Beste kommt noch. Darauf warten wir. Deshalb können wir auch das Leben jetzt in seinen Bruchstücken genießen. Wir müssen nicht in Panik geraten. Wir verpassen nichts.

Nie haben Menschen so viele Möglichkeiten zur Auswahl gehabt wie heute. Das gilt für die Waren im Supermarkt, für Reisen, für die Berufswelt, aber auch für Lebensstile, Weltanschauungen, Religionen und Sinnangebote im Allgemeinen. Man nennt das heute die „Multioptionsgesellschaft".

Schade, dass über allem ein bedrohlicher Druck liegt. Einerseits zerbröselt unsere Gesellschaft in lauter isolierte Einzelwesen. Jeder kann tun, was er will. Das wird als Freiheit gefeiert. Aber jeder muss auch ganz allein sein Glück finden. Entweder schafft er es selbst, das Richtige auszuwählen aus dem riesigen Angebot, oder sein Leben geht eben zu Bruch.

Außerdem hat der Mensch, der sich von Gott los gesagt hat, die Ewigkeit verloren. Er hat jenseits der Todeslinie nichts mehr zu erwarten. Er steht mit dem Rücken zur Wand. Der Tod durchkreuzt alle Wahlmöglichkeit.

Unter diesem doppelten Druck – ich muss allein alles haben und ich muss es in meiner Lebenszeit haben, sonst ist es verpasst –, gerät der Mensch in Panik. Er reagiert kopflos und hektisch. Er verliert die Nerven. Er muss immer alles mitnehmen und ist doch unzufrieden und voller Angst, er könnte bereits etwas verpasst haben. Oder er sieht Möglichkeiten, die sich andere leisten können, weil sie reicher, klüger, begabter sind oder bessere Beziehungen haben. Er wird gelb und grün und bitter vor Neid. Er kann sein Leben gar nicht leben, weil er neidisch das Leben anderer träumt. Als „Neidgesellschaft“ hat ein Wochenmagazin die Gesellschaft in Deutschland vor einiger Zeit beschrieben. Die Panik führt bei sehr vielen Menschen zur Lähmung ihres Lebensantriebs.

Wer auf nichts hoffen kann, ist nicht bei Trost. Wer aber eine gewisse Hoffnung auf Gottes neue Welt hat, der kann heute getrost und mit ganzer Konzentration auf die heutigen Aufgaben leben. Er kann auch das Bruchstückhafte seines Lebens mit Zuversicht leben, weil er weiß, dass Gott das Ganze schaffen wird.

Wer keine Hoffnung auf Gottes zukünftiges Wirken hat, der muss sich am eigenen Erfolg hochziehen. Wenn der nicht in Sicht ist, hat man keine Lust mehr sich überhaupt zu engagieren. Weil ich aber weiß, dass Gott zum Schluss das ganze Bild zusammensetzten wird, kann ich mit Freude meine kleinen Puzzleteile beitragen.

Paulus ermutigt die Christen in Korinth: „Darum seid fest, unerschütterlich und nehmt immer zu in dem Werk des Herrn, weil ihr wisst, dass eure Arbeit nicht vergeblich ist in dem Herrn“ (1. Korinther 15,58).

?

Wie spiegelt sich die Hoffnung in meinem alltäglichen Leben wider?

Wie hilft mir die gewisse Hoffnung, dass Gott die neue Welt schafft, mit dem Bruchstückhaften in meinem Leben umzugehen?

Amen

Wenn Christen im Gottesdienst das Glaubensbekenntnis miteinander sprechen, schließen sie es mit dem „Amen“ ab. Normalerweise steht das Amen am Ende eines Gebetes. Aber das Glaubensbekenntnis ist ja kein Gebet, obwohl wir es eigentlich als ein Gebet sprechen sollten. Ein bedeutender Theologe hat einmal sinngemäß gesagt: Über Gott können wir eigentlich nicht in der dritten Person sprechen; wir können eigentlich angemessen nur zu ihm in der zweiten Person sprechen. Er wollte auf eine Gefahr hinweisen. Wenn wir über Gott sprechen, machen wir Gott leicht zu einem Gegenstand, zu einer Sache, die wir untersuchen wie ein Stück Material. Aber Gott wird nie zum Gegenstand, er ist immer der Herr. Entweder begegnen wir ihm als dem Herrn und reden ihn so an oder wir behandeln nur einen Gottesgedanken, den wir uns selbst gebildet haben.

Das Glaubensbekenntnis sollten wir also eigentlich in der Du-Anrede zu Gott hin sagen: „Ich glaube an dich, Gott, den Allmächtigen, den Schöpfer des Himmels und der Erde…“.

Amen bedeutet: So ist es. Das ist gewiss.

Wenn wir zum Glaubensbekenntnis das Amen hinzufügen, erklären wir damit, dass wir unser Leben danach richten wollen, weil für uns das Bekenntnis zum dreieinigen Gott die gewisse Grundlage unseres Lebens ist.

Es ist also nicht mit dem Hersagen des Glaubensbekenntnisses getan. Wir müssen immer wieder die Fragen stellen, die wir bei jedem Satz bereits mit bedacht haben: Was bedeutet es für mein Leben im Alltag?

Jesus hat seinen Nachfolgern den so genannten Missionsauftrag gegeben: „Mir ist gegeben alle Gewalt im Himmel und auf Erden. Darum gehet hin und macht zu Jüngern alle Völker. Taufet sie auf den Namen des Vaters und des Sohnes und des Heiligen Geistes und lehret sie halten alles, was ich euch befohlen habe. Denn, siehe, ich bin bei euch alle Tage bis an der Welt Ende." (Matthäusevangelium Kapitel 28, Verse 18-20)

Was heißt es, in dem Namen des Vaters und des Sohnes und des Heiligen Geistes getauft zu werden? Wenn wir an Jesus glauben, durch ihn mit Gott versöhnt werden und der Heilige Geist uns die Zugehörigkeit zu Gott, unserem Vater, gewiss gemacht hat, dann ist unser Leben in die Wirklichkeit des dreieinigen Gottes eingetaucht. Wir sind ganz und gar mit ihm verbunden. Er ist unser Herr, unsere Lebenskraft, unser Schutz, unsere Zukunft.

Unser ganzes Leben soll in allen Bereichen von ihm bestimmt und gestaltet werden. Deshalb dürfen wir das Glaubensbekenntnis einerseits voll Vertrauen sprechen. Wir dürfen uns selbst vergewissern, dass der dreieinige Gott ganz und gar für uns ist, in uns und durch uns wirken will. Aber wir wollen uns auch fragen: Was bedeutet jeder Satz dieses Bekenntnisses für die Gestaltung unseres Alltags. Wir sprechen mit unserem Leben das Amen – So ist es! – zu jedem Satz des Glaubensbekenntnisses.

Hier ein praktischer Vorschlag: Machen Sie einen Abschnitt des Glaubensbekenntnisses zum Thema einer Woche Ihres Lebens. Bedenken Sie die Aussagen immer wieder und fragen Sie sich, was das für Ihre Lebensgestaltung bedeutet. Was kann, soll, darf, muss sich ändern? Was bedeuten die Aussagen, zu denen sie sich bekennen, für die Beziehungen zu den Menschen, mit denen Sie leben und arbeiten? Was heißt das für Ihr Leben in der christlichen Gemeinde, zu der Sie sich halten? Was sind die Folgerungen für Ihren Beruf, für die Gesellschaft, für die großen und kleinen Ereignisse, die unser Leben bestimmen? Tun Sie das nicht nur allein für sich. Tauschen Sie Ihre Gedanken und Erfahrungen mit anderen Christen aus. Und studieren Sie an Hand der einzelnen Aussagen des Glaubensbekenntnisses immer wieder die Bibel. Ihr Leben wird dadurch tiefer verwurzelt im Wort Gottes.

So wird das Glaubensbekenntnis zum Erkennungszeichen unseres Lebens.